★成功经理人365天管理笔记系列（制造业经理人）

品质经理365天管理笔记

滕宝红◎编著

廣東省出版集團
广东经济出版社

图书在版编目（CIP）数据

品质经理365天管理笔记／滕宝红编著．—广州：广东经济出版社，2012.1

（成功经理人365天管理笔记系列．制造业经理人）

ISBN 978－7－5454－1149－2

Ⅰ.①品… Ⅱ.①滕… Ⅲ.①企业管理：质量管理 Ⅳ.①F273.2

中国版本图书馆CIP数据核字（2011）第280753号

出版发行	广东经济出版社（广州市环市东路水荫路11号11～12楼）
经销	全国新华书店
印刷	广东省农垦总局印刷厂（广州市天河区棠东横岭三路11～13号）
开本	730毫米×1020毫米 1/16
印张	11.75
字数	209 000字
版次	2012年1月第1版
印次	2012年1月第1次
印数	1～5 000册
书号	ISBN 978－7－5454－1149－2
定价	25.00元

如发现印装质量问题，影响阅读，请与承印厂联系调换。

发行部地址：广州市环市东路水荫路11号11楼

电话：（020）38306055 38306107 邮政编码：510075

邮购地址：广州市环市东路水荫路11号11楼

邮购电话：（020）37601950 邮政编码：510075

营销网址：**http：//www. gebook. com**

广东经济出版社常年法律顾问：何剑桥律师

前 言

作为企业中坚力量的部门经理，在企业中起到承上启下的作用，他们的职业素质、管理能力和领导能力决定了企业发展的速度，决定了企业能否培养出一支优秀的员工队伍，决定了能否有效达成企业经营目标和提高业绩。

部门经理是企业的执行者，由于各种原因，在管理工作中出现许多问题：要么出现缺乏规划，没有重点，看起来每天都很忙，但不知在忙什么，忙得没有效果；要么执行力严重缺乏，领导的意图总是贯彻不到位或未及时落实；又或不懂得设定目标，没有掌握达成目标的科学方法等。出现这些问题的根本原因是，不会在年初做规划，不会在季初、月初、周初做计划，不会合理地安排下属的工作，不会合理地运用自己每天的时间，不会有效地跟进部门各项工作，不会在月末、季末、年末的时候做总结报告。当然，还有一些新上任的部门经理甚至不知道自己该在什么时候做计划、该在什么时候跟进工作、该在什么时候写总结，而只是被动地听从上级安排，这自然不是一个优秀的部门经理的表现。

针对部门经理的困境，我们设计了“成功经理人365天管理笔记”系列丛书，旨在引导部门经理们每日、每周、每月、每季、每年（年末）应当做的事情及做这些事情的方法、技巧及应用的表单、工具。

“成功经理人365天管理笔记”系列丛书目前主要涵盖12个管理岗位，包括生产经理、品质经理、采购经理、行政经理、人力资源经理、仓库主管、物控经理、财务经理、销售经理、客服经理、安全主任和班组长。

“成功经理人 365 天管理笔记”系列丛书编排新颖，思路清晰，是企业经理人不可多得的管理用书。该系列丛书打破传统书籍的理论讲述，不讲为何做，而讲怎样做，注重实操性。书中提供工作总结、工作计划范例以及可以直接运用的表单。

为了方便读者做笔记，本书在一些重要的、需要读者与工作相结合进行思考的地方，设计了一些空白的记录表。请不要将这些表格忽略，要认真投入思考并记录下来，这绝对会有助于各方面能力的提升。

作为一本部门经理的学习管理笔记，通过每天有计划的时间安排，记录工作中的琐事，通过找方法，一步一步解决问题，再把自己想做的事情、计划做的事情、没有解决的问题记录下来，去寻找解决的办法，定期检视，使自己成为一名成功的经理人。

"成功经理人365天管理笔记"系列丛书适用于工厂一线管理人员，企业部门经理、主管、班组长，新入职的大中专学生，管理培训机构，职业管理院校的学生等阅读，也可作为管理人员的手边工具书使用。

当然，本系列丛书也有不足之处，希望广大读者对我们提出宝贵意见。在此，我们所有编者对您的关注予以真诚的感谢！

目　录

导　读　365天管理阶段工作

第一章　一日工作安排与落实

忙！忙！忙！

忙些啥？

忙着参与特殊订单的生产工艺研究，忙着特殊订单及客户特殊要求检验安排，忙着制作SPC，忙着处理不合格品，忙着对生产现场进行巡视，忙着对品管员操作规范性进行检查，忙着审阅质量日报，忙着质量事故处理，忙着客户投诉处理……

作为品质经理的你，是不是处于以上所述盲目的忙碌状态呢？

第二章　一周工作安排与落实

新的一周又开始了，该怎样来做好你一周的工作呢？仔细想想，本周有哪些主要工作：要与采购部、生产部等部门研究品质专项问题；要与仓库人员一起处理一批不良品；总经理好像交代周五前要上交品质部下一季度工作计划……

惨啦！事情这么多，怎样才能理清呢？看看，哪些必须在第一时间内完成，哪些可以稍微往后延……

如果你每周都处于这种忙碌"晕"的状态，那就要做好一周的工作安排与落实了。通过本章的学习，相信你一定可以远离这种状态，从而让工作更加有条理，更加轻松愉快！

第三章　一月工作安排与落实

品质部工作事多且杂，需要与各个部门沟通协调，如果没有按时做好工作，将会影响其他部门正常运转。

总经理和采购部都在询问供应商来厂了解有关产品品质问题，商讨双方有关检验标准及解决方法。人力资源部又在催上个月部门品管员的绩效考核情况。

每个月的工作有常规的，也有突发的，品质经理要做到让自己忙而不乱，井井有条，必须做好工作安排。

第四章　季度工作安排与落实

对于季度工作的安排，属于宏观性的，要对一个季度的重点事项做到心中有数。才能按照季度安排做好每月、每周甚至每一天的工作安排。

作为品质经理，每一季度的重点工作都需要有所侧重。但是总的来说每一季度的工作中又有重复的事情。要想让自己更加从容地应对，你可以将自己每一季度的工作都做好安排。

第五章　年度工作安排与落实

年终又到了，要对量具进行年终检查，编制品质部年度工作计划，重新制定检验作业规范指导书……

这个时候可以说是品质经理忙得团团转的时候。

其实，你也可以不用让自己显得如此忙碌，怎么办？

提前将年终各项工作做好安排，就可以让每件事情按照计划进行。当然，预留一定的时间来应对突发事件，可以让你在年终更好地完成各项工作。

导读

365天管理阶段工作

一、一年365天时间分配

一年365天，时间是有限的，要怎样才能进行合理分配？作为品质经理，这是必须考虑的问题。

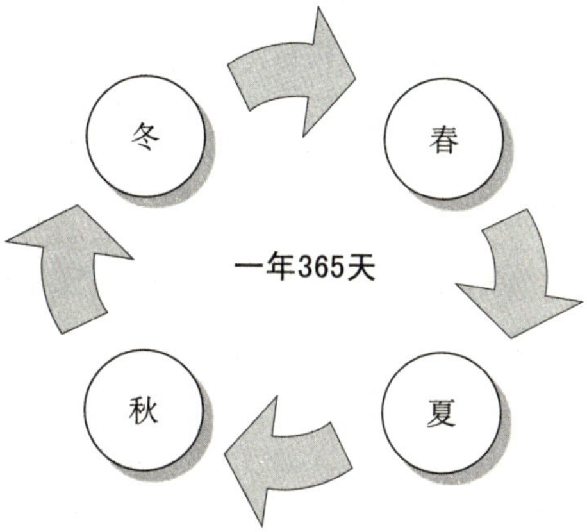

图1　一年365天循环图

二、国家法定节假日

品质经理要对时间进行合理分配，明确一年中的国家法定节假日。因此，可以将一年中的国家法定节假日分列出来。一年中常规的国家法定节假日如表1所示。

表1　国家法定节假日

序号	节假日名称	放假天数	日期
1	元旦	1天	1月1日
2	春节	3天	农历除夕，正月初一、初二

续表

序号	节假日名称	放假天数	日期
3	清明节	1天	4月5日
4	劳动节	1天	5月1日
5	端午节	1天	农历端午当日
6	中秋节	1天	农历中秋当日
7	国庆节	3天	10月1～3日

三、工作时间

工作时间，又称法定工作时间，是指员工为履行工作义务，在法定限度内，在用人单位从事工作或者生产的时间。

（一）工作时间计算

年工作日：365天－104天(休息日)－11天(法定节假日)=250（天）

季工作日：250天÷4季=62.5（天）

月工作日：250天÷12月=20.83（天）

（二）有效工作时间

有效工作时间就是称职员工完成一件工作的必须时间。如果上班时间为8小时，通常情况下，大多数员工的有效工作时间是达不到8小时的，必须扣除等待、无意义的闲聊、串岗或处理个人私事的时间。

四、阶段工作法

品质经理可以采用阶段工作法，对工作进行安排。那什么是阶段呢？这里所说的阶段指的就是一日、一周、一月、一季度、年度各个不同阶段。

品质经理应将每天、每周、每月、每季度及每年度进行安排，做好时间安排及工作事项安排，对工作进行分阶段总结。

表2 品质经理阶段工作安排

序号	阶段	工作事项	备注
1	一日	(1) 制订当日工作计划 (2) 每日形象自检 (3) 来料品质检验 (4) 线上来料质量问题处理 (5) 工序检验 (6) 半成品检验 (7) 成品入库检验 (8) 整理文件	
2	一周	(1) 制订一周工作计划 (2) 主持与参加会议 (3) 不良品标示与不良品隔离 (4) 成品出货检验 (5) 量具采购 (6) 来料后段重大品质问题处理 (7) 质量成本分析	
3	一月	(1) 制订一月工作计划 (2) 编写质量手册 (3) 编写程序文件 (4) 应对认证机构监督性检查 (5) 量具管理 (6) 来料品质问题投诉处理 (7) 品管人员任用 (8) 品管人员培训 (9) 对下属进行绩效考核	
4	季度	(1) 制订一季工作计划 (2) 供应商质量指导 (3) 设计抽样方案 (4) 制作检验流程图 (5) 选择质量认证机构并签订合同 (6) 编写作业指导书 (7) 量具的检定	

续表

序号	阶段	工作事项	备注
5	年度	(1) 年度工作总结与下一年计划 (2) 组织年度内审 (3) 组织年度管理评审 (4) 年度质量目标管理 (5) 质量管理体系认证审核 (6) 编制质量记录表格	

第一章

一日工作安排与落实

引言

忙！忙！忙！

忙些啥？

忙着参与特殊订单的生产工艺研究，忙着特殊订单及客户特殊要求检验安排，忙着制作SPC，忙着处理不合格品，忙着对生产现场进行巡视，忙着对品管员操作规范性进行检查，忙着审阅质量日报，忙着质量事故处理，忙着客户投诉处理……

作为品质经理的你，是不是处于以上所述盲目的忙碌状态呢？

我们来看一个案例，看看你是否同周经理一样，每天忙忙碌碌却没有成效。如果没有，那就恭喜你，将自己的工作安排得很好。如果有，那就需要好好反思，应该怎样合理规划自己一天的工作。

小周是某模具机床厂品质经理，为人勤奋，关心下属，服从上司，事事都亲自过问，但是每当下班时却感到自己一天无所事事，没有时间与家人相处，没有时间与朋友聚会，没有时间读书，业余时间自然也没有了。总之，每天都忙得不是地方。周经理一天的工作记录如表1-1所示。

表1-1 一天工作记录

序号	时间	具体事项	备注
1	8:30	开早会，了解品质检验情况，安排下属当日工作，处理下属反映的问题	
2	9:00	巡视生产现场检查工作，对没有按照规范操作的生产人员进行指导纠正	
3	10:20	对前日质量报表进行审核、数据分析	
4	11:20	安排搬运工将成品装入车中，清点成品数量	
5	12:00	匆匆吃过午饭，看了一会儿报纸，与同事聊天，突然想起总经理交代的下半年品质管理策划还没有完成，明天就要上交，于是马上回到办公室	

续表

序号	时间	具体事项	备注
6	14:00	同采购部、仓储部人员一起验收供应商送来的物料	
7	16:00	向财务部提交上个月品质部绩效考核情况	
8	16:30	参加生产协调日例会，通报当天检查情况	
9	17:30	下班了，可是还有策划没有写，又得带回家晚上加班	

其实，仔细研究周经理一天的工作记录，可以发现不用这么忙，最后弄到还要晚上回家加班。以下事项，完全可以不用亲自处理，或者说是可以延时处理，可以快速处理的。

事项一：

同采购部、仓储部人员一起验收供应商送来的物料，可以安排来料检验员负责。

事项二：

向财务部提交上个月品质部绩效考核情况，可以由品质统计员负责。

仅仅以上两项，加起来的时间足足有两个多小时，如果进行了合理安排，还需要晚上回家加班吗?

因此，作为品质经理，一定要做好每天的时间安排，把握工作重点，运用管理方法，总结管理心得，从而更加有效地利用每一分钟。

一、制订当日工作计划

品质经理在制订当日工作计划前，要对当日时间和工作事项进行分析，根据工作事项的紧急性、重要性按先后顺序排列，保证优先完成重要紧急事项。

（一）时间清单分析

品质经理将一天的法定工作时间，按照每30分钟为一段进行分段，然后逐项填写实际活动事项。在活动事项后，填入该活动事项相应的计划用时、实际用时、超时及超时原因。

工作提示

如果有跨时段工作，只需要填入开始时段就可以。因为通过实际用时栏，可以清楚地了解跨时段工作的时间。

表1-2　时间清单分析表

姓名：　　　　　　　　　　　　日期：

序号	时间	活动事项	计划用时	实际用时	超时	原因
1	8:30～9:00					
2	9:00～9:30					
3	9:30～10:00					
4	10:00～10:30					
5	10:30～11:00					
6	11:00～11:30					
7	11:30～12:00					
8	12:00～12:30					
9	12:30～13:00					
10	13:00～13:30					
11	13:30～14:00					
12	14:00～14:30					
13	14:30～15:00					
14	15:00～15:30					
15	15:30～16:00					
16	16:00～16:30					
17	16:30～17:00					

续表

序号	时间	活动事项	计划用时	实际用时	超时	原因
18	17:00～17:30					
19	17:30～18:00					
20	总计					

（二）工作事项分析

1.工作清单分析

品质经理分析一个法定工作日内所做的工作事项，各自用时如何，可以采用工作清单分析。

（1）将所有工作填入工作事项栏。包括累计用时超过 10 分钟的工作，如果没有超过 10 分钟可以不填入。比如接听客户电话，上午接了三个电话，用时 8 分钟，下午接了两个电话，用时 9 分钟，可以将此累计在接听电话这一事项中。

（2）填入具体事项，如“对来料进行抽检”、“处理不合格品”、“审核质量日报表”、“对供应商进行考核”等。

（3）原因栏只要简单说明“浪费／延误”的原因即可。如生产现场巡视检查工作巡视，预计 1 小时，但由于发现有生产人员没有按照要求操作，对其进行指导纠正，结果花了 1.5 小时，超时 30 分钟。

表1-3　工作清单分析表

姓名：　　　　　　　　　　　　　　日期：

工作事项	计划时间	实际时间	浪费/延误	无计划用时	原因

2.工作（活动）分项分析

（1）品质经理可以将工作清单中的事项合并同类项，然后填入工作分项分析表中。

（2）“无计划用时”只计算无计划用时总计数。各项工作（活动）的无计划用时，是指实现该项工作（活动）没有计划时间。

（3）凡是超计划用时或者是记不起来的用时均计入“浪费\延误”中。

表1-4 工作（活动）分项分析表

姓名： 日期：

分析事项	计划用时		实际用时		浪费\延误		无计划用时		原因
	用时	排序	用时	排序	用时	排序	用时	排序	
召开品质部门早会									
生产现场巡视检查工作									
处理客户投诉									
不合格品处理									
参加生产协调日例会通报当天检查情况									
品管员操作规范性检查									
5S实施与监督									
错检、漏检等异常原因分析及追溯									
成品标志、数量以及箱卡信息确认									
对生产员工的操作规范性、流程性确认									
记录紧急放行、让步放行产品									
……									
总计									

3.工作紧急性分析

品质经理分析出每天工作紧急程度，根据紧急程度安排工作先后顺序。可以将工作事项紧急性分为四类，将当日工作进行安排，列出一个分析表，如表1-5所示。

表1-5　工作紧急性分析表

姓名：　　　　　　　　　　　　　　　　　　　　日期：

紧急性 工作事项	非常紧急 （马上要做）	紧急 （短时间内要做）	不很紧急 （可从长计议）	不紧急 （无时间要求）
有一批成品出现问题，客户投诉	√			
对生产人员操作规范性进行培训		√		
制订质量控制计划、品质工程图			√	
编制品质管理手册				√

注：在相应的栏目下打“√”。

4.工作重要性分析

品质经理根据重要程度，将当日工作事项安排工作用时。同紧急性一样，将工作事项分为四类，即非常重要、重要、不很重要、不重要，如表1-6所示。

表1-6　工作重要性分析表

姓名：　　　　　　　　　　　　　　　　　　　　日期：

重要性 工作事项	非常重要 （绝对要做）	重要 （应该做）	不很重要 （可做可不做）	不重要 （可不做）
对生产现场不合格进行统一标示隔离	√			
对A批次来料进行品质检验		√		
部门人员工作质量检查和考核			√	
制定仓库工作操作流程和管理制度				√

注：在相应的栏目下打“√”。

工作提示

品质经理对于工作时间和工作事项的分析，同样可以灵活运用于每周、每月、每季度的工作中。

（三）制订每日工作计划表

品质经理通过前面对工作时间和工作事项分析之后，就可以制订一份个人每日工作计划表。每日工作计划表可以按照不同标准来制订，如按照时间、工作事项紧急重要性等。

1.工作时间

表1-7是某公司品质经理的每日工作计划表，仅供参考。

表1-7 每日工作计划表

时间		预定工作内容	执行结果
上午	8:45～9:00	参加部门早会，告知下属当日来料、半成品、成品检验时间及批次，对工作进行统筹规划	
	9:00～12:00	1.到生产车间巡视生产人员操作规范化、流程化 2.与人力资源部经理沟通品管员招聘情况 3.到采购部了解来料到达时间及品种 4.与品质工程师共同制定A物料检验标准	
中午	12:00～13:00	午休	
下午	13:00～14:00	1.检查下属下午出勤情况，是否所有人员都准时到齐 2.对刚到的B物料进行抽样检验	
	14:00～16:00	1.对前日质量报表进行审核，并做数据分析 2.对量具进行校准 3.到财务部上交上月费用支出明细	
	16:00～17:00	1.处理客户对品质问题的投诉 2.将生产车间不良半成品进行标示隔离 3.对成品尺寸、外观、性能等依据标准进行抽检 4.参加生产协调日例会，通报当天检查情况	

续表

时间		预定工作内容	执行结果
下午	17:00～18:00	1.填写质量检验异常日报表 2.对检验人员的绩效进行考核 3.填写工作日志 4.对品质部办公室进行下班前最后检查，查看水电是否关闭、门窗是否关闭	
加班			

工作提示

每日工作计划表要在每天固定时间制订，最好是前一天下班之前就做好。在第二天工作时，完成一项工作画掉一项，同时注意要为应付紧急情况留出时间。

现在，你可以制订一份自己的每日工作计划表，对自己一天的工作事项进行合理安排。

表1-8　我的每日工作计划表（1）

时间		预定工作内容	执行结果
上午	8:45～9:00		
	9:00～10:00		
	10:00～11:00		
	11:00～12:00		
中午	12:00～13:00	午休	
下午	13:00～14:00		
	14:00～15:00		
	15:00～16:00		
	16:00～17:00		
	17:00～18:00		
加班			

2.工作事项紧急重要性

品质经理可以根据工作事项紧急重要性，对当日工作事项进行排序，如表1-9所示。

表1-9 我的每日工作计划表（2）

姓名：　　　　　　　　　　　　　　日期：

类别 / 工作事项	重要且紧急	紧急不重要	重要不紧急	不紧急不重要

二、每日形象自检

品质经理每天出门之前，先在镜子前照照，看看形象是否“过关”。良好的个人形象，不仅代表个人，还代表了公司。因此，必须做好形象自检工作。

我认为每日形象自检，需要注意以下几个方面：

1.________________

2.________________

3.________________

4.________________

……

（一）整体形象

个人整体形象示例对比，具体如图1-1所示。

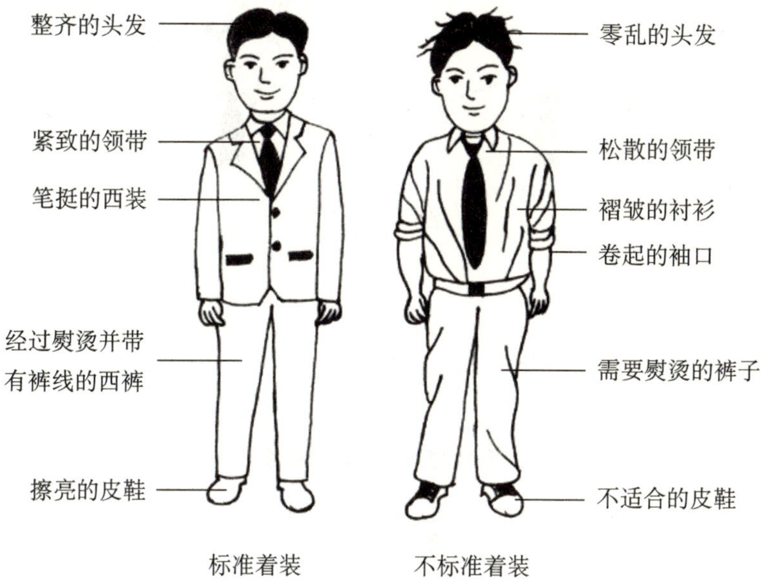

图1-1　整体形象

（二）具体细节

形象往往体现于细节之中，因此要做好各种细节工作。下面列举一些细节事项，请参照对比。

1.头发

不准染发、烫发，头发不要过耳部、脸部，更不要长过领子。清爽的发型、干净的头发更有朝气

图1-2　头发

2.胡须

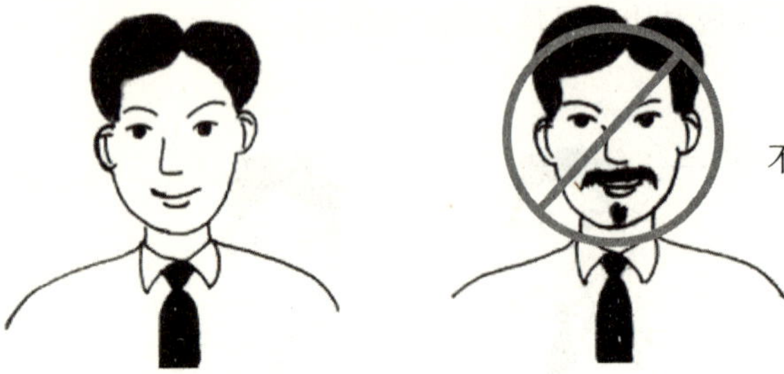

图1-3　胡须

3.牙齿

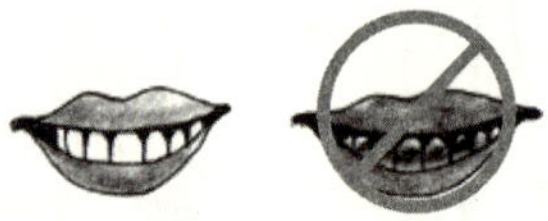

图1-4　牙齿

4.鼻子

图1-5　鼻子

5.鞋

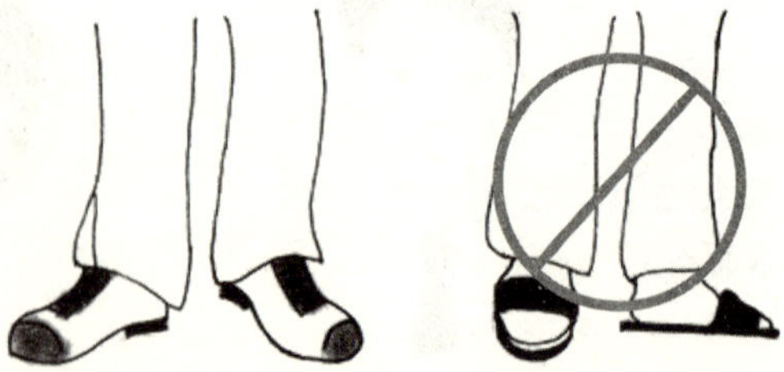

图1-6　鞋

（三）形象自检

品质经理可以用形象自检表，来检查自己的形象是否符合要求。

1.男士形象自检

男士形象自检，具体如表1-10所示。

表1-10　男士形象自检表

序号	项目	检查重点	备注
1	头发	(1) 常洗常剪吗？有无头屑 (2) 额前头发遮盖眼睛吗？长短合适吗？要15天修理一次头发	
2	脸部	(1) 脸上有清洁、健康之感吗？会不会干涩或油光光的 (2) 认真刷牙吗 (3) 常刮胡须吗	
3	衣服	(1) 适合工作环境吗 (2) 着装端正吗？肩上有头屑吗 (3) 穿新衣服时，精心整理吗	
4	衬衫	(1) 是否干净，平整挺括？有污垢、斑点吗 (2) 是否平展？纽扣齐全吗 (3) 领带干净平整吗	
5	裤子	(1) 有污垢、斑点吗？平整挺括吗 (2) 裤子的拉链、纽扣结实吗 (3) 皮带结实吗	
6	衣袋	(1) 衣袋内放有纸巾吗 (2) 衣袋内有棉尘、脏物吗	
7	手	(1) 指甲认真修剪了吗？手及指甲粗糙吗 (2) 手指甲干净吗	
8	袜子	(1) 脚上的袜子干净吗？每天换洗吗 (2) 袜子与衣服的颜色、款式协调、适合吗	
9	鞋	(1) 鞋上油擦亮了吗？鞋后跟磨损变形了吗 (2) 鞋与衣服的颜色、款式协调、适合吗	
10	其他	(1) 面带微笑吗 (2) 情绪饱满吗	

2.女士形象自检

女士形象自检，具体如表1-11所示。

表1-11　女士形象自检表

序号	项目	检查重点	备注
1	头发	（1）常洗常剪吗？头上饰物会哗众取宠吗 （2）额前头发遮盖眼睛吗？长短合适吗？发型有妨碍工作吗	
2	化妆	（1）脸上有清洁、健康之感吗？保养脸部皮肤了吗 （2）口红、眼影浓淡适合吗？口红颜色相宜吗（避免使用偏白荧光型口红）	
3	衣服	（1）适合工作环境吗 （2）常洗熨吗？肩上有头屑吗	
4	衬衫	（1）是否干净，平整挺括？有污垢、斑点吗 （2）是否平展？纽扣齐全吗 （3）领巾干净平整吗	
5	裙子	（1）无污物、平整挺括吗 （2）未绽线散开吗	
6	装饰品	（1）不累赘、引人注目吗 （2）用造型奇特或孩子气手表吗	
7	手	（1）指甲认真修剪了吗 （2）手指甲太长吗？指甲油过浓或出现脱落吗	
8	长筒袜	（1）颜色适当吗 （2）有绽线吗	
9	鞋	（1）鞋上油擦亮了吗？鞋后跟磨损变形了吗 （2）鞋与衣服的颜色、款式协调、适合吗	
10	其他	（1）面带微笑吗 （2）情绪饱满吗	

工作提示

当然，品质经理可以个人形象自检表为标准，对下属着装进行检查。因为无论是管理者还是员工，其个人形象都代表着整家公司的形象。

三、来料品质检验

（一）来料控制检验准备

一般来说，仓库在清点好物料数量与包装方式后，会立即发来料控制检验通知单，通知来料控制执行物料检验。

1.来料控制检验通知单

品质经理拿到来料控制检验通知单后，应立即做好人员的安排与工具的准备。

表1-12　来料控制检验通知单

通知单号码：　　　　　　　　　　供应商：

被通知部门			来料处			
料号	品名	规格	检验项目	标准	检验结果	备注

2.品管员派工

一旦品检任务下来，品质经理就要根据产品来确定检验任务，在派工时要注意看工时，派工要有针对性。

表1-13　来料控制的产品检验派工表

产品	品管员	数量	大约耗用时间	检验方式	备注

3.工具准备

检验时需要准备好各种工具，不同的检查对象工具不同，具体如下：

（1）外观检验：一般用目视、手感、限度样品进行验证。

（2）尺寸检验：一般用卡尺、千分尺、塞规等量具验证。

（3）结构检验：一般用拉力器、扭力器、压力器验证。

（4）特性检验：如电气的、物理的、化学的和机械的特性，一般采用检测仪器和特定方法来验证。

4.标准准备

检验时，要准备好检验说明书和检验报告书。

（1）检验说明书已经制定检验操作步骤与检验方式，检验员在检验时必须严格按照检验说明书执行。以下是某企业检验说明书，仅供参考。

【范例 01】检验说明书

检验说明书

1.目的

对本公司的进货原材料按规定进行检验和试验，确保产品的最终质量。

2.范围

适用于本公司对原材料的入库检验。

3.职责

检验员按检验手册对原材料进行检验与判定，并对检验结果的正确性负责。

4.检验

4.1 检验方式：抽样检验。

4.2 抽样方案：元器件类:按照GB 2828—87正常检查一次抽样方案一般检查水平Ⅱ进行。

非元器件类：按照GB 2828—87正常检查一次抽样方案特殊检查水平S-4进行。

盘带包装物料按每盘取3只进行测试。

替代法检验的物料其替代数量依据本公司产品用量的2～ 3倍进行替代

测试。

4.3 合格质量水平：A类不合格 AQL=0.4 B类不合格 AQL=1.5 替代法测试的物料必须全部满足指标要求。

4.4 定义：

A类不合格：指对本公司产品性能、安全、利益有严重影响的不合格项目。

B类不合格：指对本公司产品性能影响轻微，可限度接受的不合格项目。

5.检验仪器、仪表、量具的要求

所有的检验仪器、仪表、量具必须在校正计量期内。

6.检验结果记录在"来料控制来料检验报告"中

（2）检验报告书已经制定好了检验项目的标准，只等检验员按照实际结果去填写报告。

（二）来料控制检验实施

来料控制检验员依照检验说明书执行检验，执行检验时要注意以下几点：

（1）评估供方提供的重要特性值的控制图和过程能力测定值报告。

（2）抽取规定量的样品，抽样必须注意随机和分层原理。

（3）检验完毕的抽样样品须归回原位。

（4）参考来料的规格图样或零件承认书以及标准品，正确使用检测仪器、工具进行检验。

在检验完毕后，检验员要填写检验报告书，并给产品贴上检验标志。

1.检验报告书

检验报告书上必须有检验人员、合格数量等，但要注意检验报告书很难通用，不同物料的检验报告书不同。

表1-14　材料检验报告书

编号：001　　　　填写日期：2011-12-14

材料名称	花洒	材料规格	1314	材料数量	100个
供应商	××厂	采购日期	2011-11-28	检验员	王××

续表

检验记录	检验项目	检验标准	合格率	合格数	不合格数	备注	总评
	外观	国家标准	90%	90个	10个		总评 □合格 □不合格
	功能	是否漏水	98%	98个	2个		
	包装	客户要求	100%	100个	0		
厂长		品质经理		来料主管		检验员	

2.检验结果标签

将产品检验完毕后，需要对产品的状态进行标志，并将标签贴在产品的包装箱上。通常红色标志为不合格品，绿色标志为合格品。

工作提示

在设计产品的状态标志时，必须在标志上显示出产品的检验时间、检验员、数量、规格，以方便质量管理的追溯。

产品标签

产品名称：
产品数量：
产品规格：
□合格　　□不合格　　□待检
检验员：　　时间：

（三）来料控制检验结果处理

1.允收

经进料检验员验证，若不合格品个数低于限定的不合格品个数，则判为该批来货允收。进料检验员应在“材料检验报告书”上签名，盖“检验合格”印章，通知货仓收货。

2.拒收

若不合格品个数高于限定的不合格品个数，则判定该送检批为拒收。进料检验员应及时在“材料检验报告书”上签名，盖“检验不合格”印章，经相关部门会签后，交货仓部门、采购部门办理退货事宜。同时在该送检批货品外箱标签上盖“退货”字样，并挂“退货”标牌。

表1-15　来料控制退货报告

<table>
<tr><td colspan="7">供应商：　　来货类别：　　报告编号：</td></tr>
<tr><td colspan="7">产品/配件名称：　　编号：　　颜色：</td></tr>
<tr><td colspan="7">工（订）单编号：　　送货单编号：</td></tr>
<tr><td colspan="7">来货数量：　　来货日期：　年　月　日　　验货日期：　年　月　日</td></tr>
<tr><td rowspan="8">检验过程</td><td colspan="3">问题/缺陷描述</td><td>CR</td><td>MAJ</td><td>MIN</td></tr>
<tr><td rowspan="3">一般检验</td><td colspan="2"></td><td></td><td></td><td></td></tr>
<tr><td colspan="2"></td><td></td><td></td><td></td></tr>
<tr><td colspan="5">严重次品率：　%　　次品累计：
抽样数
轻微次品率：　%　　允收数：</td></tr>
<tr><td rowspan="3">特别检验</td><td>检验项目</td><td>问题/缺陷描述</td><td>抽查数</td><td>次品数</td><td>次品率</td></tr>
<tr><td></td><td></td><td></td><td></td><td></td></tr>
<tr><td></td><td></td><td></td><td></td><td></td></tr>
<tr><td colspan="7">来料控制：　年　月　日　　来料控制主管：　　年　月　日</td></tr>
<tr><td rowspan="5">相关部门意见</td><td>外发部</td><td colspan="2"></td><td colspan="3">主管：　年　月　日</td></tr>
<tr><td>工程部</td><td colspan="2"></td><td colspan="3">主管：　年　月　日</td></tr>
<tr><td>生产部</td><td colspan="2"></td><td colspan="3">主管：　年　月　日</td></tr>
<tr><td>物控部</td><td colspan="2"></td><td colspan="3">主管：　年　月　日</td></tr>
<tr><td>其　他</td><td colspan="2"></td><td colspan="3">主管：　年　月　日</td></tr>
<tr><td>处理结果</td><td colspan="6">□特采；□供应商来厂加工／挑选；□生产部加工/挑选；
□退货；□冻结；□暂收</td></tr>
<tr><td colspan="7">品质部经理：　年　月　日　　工厂经理：　　年　月　日</td></tr>
<tr><td colspan="7">说明：第一联此栏由物控部盖章，其他联无需填写。</td></tr>
<tr><td>备注</td><td colspan="6">1.AQL参照：MIL-STD-105E标准；MAJ：　　MIN：
2.如批准为特采、挑选或暂用，则不予付款，待货齐后应扣加工费用。</td></tr>
</table>

3.特采

所谓特采，即进料经进料检验员检验，质量低于允收水准，进料检验员虽提出退货的要求，但工厂由于生产的原因，而作出的“特别采用”的要求。若非迫不得已，工厂应尽可能不使用特采。即使使用，也要按严格的程序办理。

（1）偏差。

送检批物料全部不合格，但只影响工厂生产速度，不会造成产品最终质量不合格，在此情况下，经特批，可予以接收。此类货品，由生产部、品质部按实际生产情况，估算出耗费工时数，对供应商作扣款处理。

对于这类物料，由来料检验员在来料包装上贴“紧急放行”标签后发放。

品质制程检验员应对“紧急放行”物料的生产情况进行关注，在首检、巡检记录时，要注明是“紧急放行”物料。若发现因物料导致不合格品时则须立即上报品质经理。

（2）全检。

送检批不合格品数超过规定的允收水准，经特批后，进行全数检验。选出其中的不合格品，退回供应商，合格品办理入库或投入生产手续。

（3）返工。

送检批几乎全部不合格，但经过加工处理后，货品即可接受。在此情况下，由企业抽调人力进行来货再处理。进料检验员对加工后的货品进行重检，对合格品接收，对不合格品送相关部门办理退货。此类货品由进料检验员统计加工所用工时，对供应商作扣款处理。

4.来料异常报告

如果供应商连续三次送货都被退货，或者一次性不合格率达到30%的，来料检验员须填写“检验质量异常报告”。品质部还须填写“供应商异常处理联络单”，要求供应商在规定时间内提出改善对策。

表1-16　来料异常报告书

供应商	××厂	料号	1314、1316、1318	品名	花洒
交货日期	2012-12-14				
交货数量	300个				
样本数量	310个				

续表

<table>
<tr><td colspan="6">来料异常描述：
□新料　□新版　第3次来料
□无规格　□未承认　□无样品
□附样品　　件
□附检验记录
□同一异常已连续3次（含）以上
QC工程师确认：王××</td></tr>
<tr><th>序号</th><th>规格</th><th>问题描述</th><th>不良数</th><th>交货数</th><th>合格率</th></tr>
<tr><td>1</td><td>1314型</td><td>花洒漏水</td><td>10个</td><td>100个</td><td>10%</td></tr>
<tr><td>2</td><td>1316型</td><td>花洒漏水</td><td>15个</td><td>100个</td><td>15%</td></tr>
<tr><td>3</td><td>1318型</td><td>花洒漏水</td><td>12个</td><td>100个</td><td>12%</td></tr>
<tr><td colspan="6">简图：
（略）</td></tr>
</table>

四、线上来料质量问题处理

品质经理每天要处理线上来料质量问题。线上来料质量问题，按来料批的性质可分为两大类，一类是特采来料批的质量问题，另一类是来料检验人员判允收的来料批的质量问题。按发现品质问题的位置来分析，又分生产人员发现的品质问题和制程检验人员发现的品质问题。

（一）特采批质量问题处理

根据质量发现的角度分为生产线上人员发现和制程检验人员发现两种，这两种质量问题的发现和处理方式有所差异。

1.生产线上人员发现的质量问题

生产线上人员发现的问题通常都是较容易发现的一些问题，如外观不洁、装配不上、装配不方便、颜色差异等。

（1）物料处理。

可拆分部件，通常由作业员发现有问题时拆出来，并用不同颜色（如红色或黄色）的箱子或筐单独存放，再由现场主管定期（每半天或每天）收集好统一退还到仓库，或送维修部门去维修，不能维修的部件最后由仓库人员提醒采购人员退回给供应商，但要特别注意在物料转移时标明物料的批号。

不可拆分部件则将整个半成品或成品用不同颜色的箱子或筐单独存放，作为废品退到仓库，再由仓库统一作废品处理。

（2）样本和数据移交。

该类状况的数据处理通常是生产现场基层主管定期（每半天或每天）统计数据后进行移交。

能分清有质量问题的原料，则可交给对应此原料检验的来料检验人员，也可交给制程检验主管或来料检验主管。

如果不能分清具体是什么原料造成的原因，则将不良品的样本和数量一并交给制程检验主管，由制程检验主管负责查清原因，而在制程检验主管手中的数据分析完成之后，必须交由来料检验主管记录，并记录到该供应商的交货质量记录中去。

工作提示

在各个移交过程中，一般都要有书面的记录。可以直接使用内部联络单，在其内容上说明某某日期生产线上发现多少件来料质量问题（或说明为来料不合格件数）。

表1-17　内部联络单

日期：　　　　　　　　　　　　　　　　　　时间：

发件部门		收件部门		收件人签字：
发件人		收件人		
联络事项：				

由于一个仓库的一个来料批可能有多个检验批每一个检验批是一种型号规格的原材料，而仓库通常只是使用自身的来料批号，这样就会出现多个领料单。所以一

个批号很可能会出现多次此类的内部联络单，因此在分析此类来料不良质量时，必须累加计算。

表1-18　线上来料不良记录清单

来料批号	检验批号	物料编号	来料性质	生产日期	不良品数量
合计					
合计					

对于生产线上作业人员发现的质量问题，可以采用以下方式处理：

1.______

2.______

3.______

4.______

……

2.制程检验人员发现的质量问题

在生产线上的制程检验人员，其发现的问题通常都是一些相对专业的质量问题，否则在作业员手中就会被挑选出来。而制程检验人员通常是定时抽样检验的，其抽样的数据分计数值和计量值两种类型。

（1）计数值。

计数值通常可以按GB2828、MIL—STD—05E或C=0，抽样计划每2小时或4小时抽取一定的样本，并记录下缺点数及不良数，这样比较容易直接分析原因。

（2）计量值。

计量值通常按GB6378或MIL—STD—414抽样计划每2小时或4小时抽取1个或3～20个样本，然后记录下具体的数值，无法立即分析数据的，需要经过计算并转换成图形状态来分析。

表1-19 制程计数检验记录表

检验日期： 年 月 日

产品编号		批号		客户别	
厂别		组别		检验工序	
时间	**缺点代码**	**缺点数**	**时间**	**缺点代码**	**缺点数**
～			～		
判定： □合格 □注意改善 □立即停产			判定： □合格 □注意改善 □立即停产		
批量数______ 检验数______ 不良数______			批量数______ 检验数______ 不良数______		
～			～		
判定： □合格 □注意改善 □立即停产			判定： □合格 □注意改善 □立即停产		
批量数______ 检验数______ 不良数______			批量数______ 检验数______ 不良数______		

注：在判定的“□”中打“√”，缺点代码参照各检验工序缺点代码一览表。

从上面的数据收集表格中可以看出，在制程检验人员的数据当中，有缺点代码和计量的管制特性，从而可以分析和分辨出哪些是原材料问题，哪些不是原材料问题。而且制程检验人员对各种问题分析后，还会作出判定，以确定是否需要返工或全检，所以其大部分原材料的问题都应反映在作业人员手中。

（3）制程检验人员手中也还会有一些不良品或原材料的不合格品，通常为了物料成本及效率问题，最好退还给生产现场基层主管统一处理，其处理方式同作业人员手中的原料不合格品处理。也可以由制程检验人员直接分析出原材料不合格记录数据，通过制程检验主管交给来料检验主管去记录供应商质量状况，即按下面的允收批质量问题处理去分析。

对于制程检验人员发现的质量问题，可以采用以下方式处理：

1.______________________________

2.______________________________

3.______________________________

4.______________________________

……

（二）允收批质量问题处理

允收批就是合格的原材料，其质量问题不会对产品构成直接威胁。因此，在生产线上发现的原材料质量问题相对较少。一般来说，在允收批中，有质量问题也是轻微缺陷，不会构成产品的严重缺陷。

允收批质量问题的处理如上所述，也应填写“线上来料不良记录清单”。

表1-20　线上来料不良记录清单

来料批号	检验批号	物料编号	来料性质	生产日期	投量	不良数	不良率
平均不良率（PPM）							

前面提到一个来料批号可能有多个领料单，而每次生产的产品数量和投入原材料数及不良数都不一定相同，因此在计算线上来料不良率时，必须按以下公式计算：

$$线上来料不良率=\frac{累计不良数}{累计投量数}\times 100\%$$

五、工序检验

工序是产品、零部件制造过程的基本环节，也是组织生产过程的基本单位。工序检验是指在生产现场通过操作者自检、品管员专检等方式控制质量。同时根据分析工序质量状况，及时采取措施，以防不良品产生或不合格品的流转。

工作提示

工序检验不仅要检验在制品是否达到规定的质量的要求，还要检验影响质量的主要工序因素（即4M1E），以判断生产过程是否处于正常的受控状态。

（一）首件检验

首件检验是在生产开始时（上班或换班）或工序因素调整后（换人、换料、换活、换工装、调整设备等）对制造的第一件或前几件产品进行的检验。目的是为了尽早发现生产过程中影响产品质量的因素，防止产品成批报废。

1.首件检验条件

每个班开始时，每个工人每道工序第一件加工后，生产中更换操作人员，生产中更换或重调工装、机床设备，更改、调整工艺都要经首件三检合格后方能继续生产。

有正式批准的图样、技术条件、工艺规程，具有符合工艺规程规定的工装、量具，并经检定合格后才可以进行首件三检。

2.检验操作人员

首件检验由操作者、品管员共同进行。操作者首先进行自检，合格后送品管员专检。

3.首件检验要求

（1）首件三检需由操作人员办理首件三检交验手续，经首件三检合格的零件、产品，要在交验单上签字盖章，并做好首件检验的记录。

（2）首件三检发生错检时，由参加三检者负责。

（3）不执行三检，盲目生产，不听劝告者，品管员有权拒绝验收产品，由此而造成的废品由直接责任人负责，视情节轻重赔偿废品损失。

首件检验必须及时，以免造成不必要的浪费。首件检验后要保留必要的记录，如填写"首件检验记录表"。

表1-21　首件检验记录表

制造单位		产品名称	
首件类型	□新产品　□新订单	制造命令号码	
首件数量		制造责任人	
品管检验判定	主管：	检验：	
开发检验判定	主管：	检验：	
结论			

品质经理要对首件检验作出相应的规定，因此，要求品管员在开展此项工作前应仔细阅读，以下是某企业的首件检验规定。

【范例02】首件检验规定

首件检验规定

1.目的

为确保生产品质，避免出现批量性品质问题，特制定本规定。

2.适用范围

本公司各制造单位的生产加工过程，均应进行首件检验，并依本规定执行。

3.首件检验规定

3.1 定义。

本规定所称的首件是指制造单位各工程加工生产的产品，经自我调试确认，判定合乎要求后，拟进行批量生产前的第一个（台）产品（半成品、成品）。

3.2 首件检验时机。

3.2.1 新产品第一次量产时的首件产品。

3.2.2 每一制造命令（订单）开始生产的首件产品。

3.3 新产品首件检验。

3.3.1 检验流程。

（1）制造单位依工艺流程加工或调试，并进行自检。

（2）品管 PQC 人员在制造单位加工调试时，应调出各相关检验依据文件或样品，并从旁协助，同时就外观等易于判定的特性予以确认。

（3）制造单位认定生产的产品合乎要求时，将首件产品交 PQC 进一步检验。

（4）PQC 人员依据检验文件、规范，对首件进行全面的检验，如判定不合格，应向制造单位提出，并要求改善，直到判定合格为止。

（5）PQC 判定合格，或判定不合格但属设计问题，或属制造单位无法改善的问题时，由 PQC 填写"首件检验报告"一式三联，呈主管审核。

（6）经品管主管审核的"首件检验报告"及首件产品由 PQC 人员直接送往开发部门，交开发该产品的技术人员做检验。

（7）开发部技术人员经检验后，作出合格或不合格的判定，并填入"首件检验报告"中。

（8）开发部、品质部均判定合格后，"首件检验报告"一联由品质部保留，一联由开发部保留，一联转制造部，制造单位可以正式量产。

（9）开发部、品质部判定不合格时，如属制造单位原因时，应由制造单位改善、调试直到合格为止；如属设计原因时，应停止生产，由开发部负责拟订对策加以改善后，方可恢复生产，并需重新作首件产品确认。

3.3.2 注意事项。

（1）若某些品质特性的判定无法在短时间内得出结论（如寿命试验等），这些特性在新产品试制时应进行检测，在首件检验时，可先不检验这些项目。

（2）品质部应在量产开始后，依规范随机抽样，就此对检验的项目实施检验，发现问题应及时反馈对策。

（3）某些检验需要不止一个产品时，可要求制造单位生产足量的“首件”。

（4）首件检验应讲究时效，以避免制造单位停工时间太长。

（5）应将合格的首件产品，由品质部作为样品保存。

3.4 订单首件检验。

3.4.1 检验流程。

（1）参照新产品的首件检验流程进行。

（2）因不属新产品，在客户没有技术修改变更的一般状况下，只要品管部判定合格后即可生产，不必送开发部检验。

3.4.2 注意事项。

（1）是否进行长期性试验（如寿命试验）由品质部根据具体产品状况确定。

（2）应将新产品的首件留存样品与各订单（制造命令）的首件产品作比较确认。

4.附件

“首件检验报告”（略）。

（二）巡回检验

巡回检验是指品质经理在生产现场按一定的时间间隔对有关工序的产品和生产环境进行监督检验。

1.巡回检验内容

巡回检验不仅要抽检产品，还需检查影响产品质量的生产因素（4M1E——人、机、料、法、环境）。巡检以抽查产品为主，而对生产线的巡检，以检查影响产品质量的生产因素为主。生产因素的检查包括：

（1）当人员有变化时，对人员的教育培训以及评价有无及时实施。

（2）设备、工具、工装、计量器具在日常使用时，有无定期进行检查、校准、保养，是否处于正常状态。

（3）物料和零部件在工序中的摆放、搬运及拿取方法是否会造成物料不良。

（4）不合格品有无明显标志并放置在规定区域。

（5）工艺文件（作业指导书之类）能否正确指导生产，工艺文件是否齐全并得到遵守。

(6) 产品的标志和记录能否保证可追溯性。

(7) 生产环境是否适宜产品生产的需求，有无产品、物料散落在地面上。

(8) 对生产中的问题，是否采取了改善措施。

(9) 员工的技能能否胜任工作。

(10) 生产因素变换时（换活、修机、换模、换料）是否按要求通知品管员到场验证等。

2.巡回检验要求

(1) 巡检的项目、方法、频率事先设计于巡检表中，巡检后要做好必要的记录。

(2) 巡检中发现的问题应及时指导作业者或联系有关人员加以纠正。

(3) 问题严重时，要适时向有关部门发出“纠正和预防措施要求单”，要求其改进。

表1-22　巡回检验记录表

<table>
<tr><td>件号</td><td colspan="3"></td><td colspan="2">工序号</td><td></td><td colspan="2">取样方式</td><td></td></tr>
<tr><td>件名</td><td colspan="3"></td><td colspan="2">工序名称</td><td></td><td colspan="2">测量单位</td><td></td></tr>
<tr><td>检验地点</td><td colspan="3"></td><td colspan="2">测量工具</td><td></td><td colspan="2">检验人</td><td></td></tr>
<tr><td colspan="10">质量要求：</td></tr>
<tr><td></td><td></td><td></td><td></td><td></td><td></td><td></td><td></td><td></td><td></td></tr>
<tr><td></td><td></td><td></td><td></td><td></td><td></td><td></td><td></td><td></td><td></td></tr>
<tr><td></td><td></td><td></td><td></td><td></td><td></td><td></td><td></td><td></td><td></td></tr>
<tr><td></td><td></td><td></td><td></td><td></td><td></td><td></td><td></td><td></td><td></td></tr>
<tr><td>备注</td><td colspan="9"></td></tr>
</table>

（三）在线检验

在流水线生产中，完成每道或数道工序后所进行的检验，称为在线检验。一般要在流水线中设置几道检验工序，由生产部门或品质部门派员在此进行在线检验。

1.检验工序设置

设置检验工序，应该考虑以下因素：

(1) 全部质量特性重要性分级为A级的质量特性和少数为B级的质量特性以

及关键部位。

（2）工艺上有特殊要求，以下道工序的加工、装配有重大影响的项目。

（3）内外部质量信息反馈中出现较多质量问题的薄弱环节。

2.检验工序实施

（1）须以文件形式明确质量控制点，可以用工艺流程图或检验工序明细表等文件形式明确检验工序，确定需控制的产品质量特性。

（2）编制检验工序作业指导书及有关表格。

（3）做好检验工序所用的检测设备的维护保养工作。

（4）检验工序的员工必须经过培训，考核合格后持证上岗。

（5）检验是否有规定对质量控制点进行连续监控的方法和要求。按规定实施监控，并做好各类记录。

3.检验中问题的反馈与处理

应在检验作业指导书中就发现的问题及其处理方式作出规定。比如，可以规定不合格率超过一定数值，品管员就应该通知生产线停止生产，直到问题解决。

工作提示

对于设计、工艺要求方面的关键、重要项目是必须长期重点控制的，必须设立长期的检验工序，这类检验工序是不允许撤销的。

（四）完工检验

完工检验是指对全部加工活动结束的半成品、零件进行的检验。完工检验的工作包括验证前各工序的检验是否已完成，检验结果是否符合要求，即对前面所有的检验数据进行复核。

1.完工检验要求

应该按照作业指导书、产品图样、抽样方案等有关文件的规定，做好完工检验工作。

2.完工检验的重点

（1）核对加工件的全部加工程序是否全部完成，有无漏序、跳序的现象存在。

在批量的完工件中，有无尚未完成或不同规格的零件混入。必要时采取纠正和预防措施，以防止问题的再发生。

（2）核对被检物主要质量特性值是否真正符合规范要求。

（3）复核被检物的外观，对零件的倒角、毛刺、磕碰划伤应予以特别注意。

（4）被检物应有的标志是否齐全。

（五）末件检验

1.末件检验

末件检验是指依靠模具或专用工装加工并主要靠模具、工装保证质量的零件加工场合，当批量加工完成后，对加工的最后一件或几件进行检验验证的活动。

2.末件检验要求

末件检验同首件检验一样，也是由品管员和操作人员共同进行，检验合格后，双方应在“末件检验记录表”上签字，并把记录表和末件实物（大件实物可只要检验记录）拴在工装上。如果制度规定工装返库后进行工装返库检定，可直接附送末件。

表1-23　末件检验记录表

产品名称型号		产品图号		文件编号	
试验地点		检验站名称		指导书有效期	
检验、试验项目序号		对检验内容、要求及检测、试验手段、方法、程序作出指导性说明			
提示及说明事项					

六、半成品检验

一个产品在生产过程中有多少半成品，是由产品具体情况决定的，但只要确定是半成品，就应对其实施质量控制，以保证产品的质量。

企业在进行质量管理工作中，很重要的是建立生产过程中的各项控制点，对生产过程重点工序进行定点控制，努力提高关键工序一次合格率和保证最终成品的产品质量。

（一）半成品制程控制

1.控制点的设置

控制点设在何处，主要应根据该在制品的不稳定因素而设计。

（1）该产品以前生产有异常，有较高不良品的记录。

（2）使用的生产设备不稳定。

（3）工装、夹具、模具有不良情况。

（4）得到来料品管员对不良物料的信息反馈。

（5）新员工操作。

（6）新产品、新材料、新设备的投入。

2.检验作业要点

（1）首件检验的确认。

对于每款产品、每台机器正式生产前，品质经理要确认作业员送检的首件产品，并将检验结果记录于相关表格中。

（2）生产资料的核对。

在每款产品、每台机器正式生产时，应对领用的物料、设备状态、使用的工模具、作业指导书的版本进行核对。

（3）品管员巡检规定。

（4）巡检时间频率。

品管员在进行巡检时，要不间断地按机台、工位逐次巡检，在生产高峰期，应保持1～1.5小时巡检一次。特殊时期，可向部门申请人力援助，以保证巡检密度。

（5）按产品品质标准检验。

表1-24　产品品质检验标准

检验项目	检验方法或标准
外观检测	目视、手感及参照生产样品验证
尺寸	运用量具检测
功能特性	可用检测仪器进行验证，必要时取样给QE工程师做试验
机器运行参数	将实际参数与“产品工艺指导单”上的数据对比

续表

检验项目	检验方法或标准
产品物料摆放	检验产品、物料、边角废料、不合格品是否摆放在规定的区域
环境	检验环境是否清洁，是否有产品、物料散落在地面上
员工作业方法	员工是否按规定制度操作机器，更换产品生产时是否通知品管员到场验证（包括修机、修模、换料）
其他	检验物料、产品、机器标示状态是否正确

3.做好巡检记录

在每次检验后，要将检验结果如实记录在“半成品巡检记录表”上。

表1-25　半成品巡检记录表

日期	时间	用料名称			颜色	抽查数量	检查内容记录	通过	其他
		材料1	材料2	材料3				是/否	

（二）半成品完工检验

1.验证点设置

制程检验是对生产过程作出的品质巡回检验，属于一种阶段性检验；而完工主要针对完工产品的品质验证，以确定该批产品可否流入下一道工序，属于定点检验。所以完工检验的控制点一般都设在工序终点。

（1）仓库出料的检验。

（2）半成品入库的检验。

(3) 新工艺、新材料投入的批量生产。

(4) 其他特殊工序点。

2.检验项目与验证方法

完工检验（FQC）除重复对产品的外观、尺寸、用料的品质验证外，还特别注重以下几方面的验证：

(1) 结构性验证，按工艺图及品质标准验证。

(2) 功能性试装，公差测量，保证产品在装配阶段不受影响。

(3) 特性验证。

(4) 装箱数量准确性检查。

3.检验方式及类型的确定

完工检验在品质验证时，一般采用抽样计划进行验货，按AQL值来判定检验是否允收。

4.品质异常的反馈与处理

(1) 可判定情况。

品质经理自己可判定时，填制“完工检验（FQC）检验问题报告”。根据不合格程度，对不合格批产品作出返工、重检、退料、挑选、报废等处理决定。

表1-26　完工检验（FQC）检验问题报告

<table>
<tr><td>产品名称</td><td></td><td>编号</td><td></td><td>工单编号</td><td></td><td>机号</td><td></td></tr>
<tr><td colspan="2">生产部门</td><td colspan="2"></td><td colspan="2">抽检时间</td><td colspan="2"></td></tr>
<tr><td colspan="2">抽检数量</td><td colspan="2"></td><td colspan="2">不合格品数量</td><td colspan="2"></td></tr>
<tr><td colspan="8">不合格描述：</td></tr>
<tr><td colspan="8">生产部回复：</td></tr>
</table>

填写：　　　　　　　　　　　　审核：

(2) 不可判定情况。

对此种不合格品，完工检验（FQC）可请求上级予以判定，并按判定意见予以标示，监督相关部门对其进行隔离存放。

5.验货记录

根据当班的验货结果，填制“完工检验半成品抽查日报表”。经被检部门签认后，一联由品质部存档，另一联交被检部门保存。

表1-27　完工检验半成品抽查日报表

生产部门/班组：　　机号/组长：　　班次：　　日期：　　报告编号：

工单号	产品名称与规格	产品编号	颜色	工单数量	生产时间	样本数	次品分类			判定结果				缺陷描述
							CR	MAJ	MIN	P	H	S	R	
副本分发：□QA　□生产部　□其他														
检查员				批核				生产部						

说明：CR——严重　MAJ——主要　MIN——次要　P——合格　H——冻结
S——拣用/工厂加工　R——退货

七、成品检验

成品检验是品质控制最重要的环节，包括包装检验、成品入库检验、成品出货检验等环节。

（一）包装检验

1.包装检验项目

包装检验的项目包括：包装材料、包装方法、包装外观、标志（起吊重心、防潮、防振动、放置方向等标志）、随机文件、随机附件、备件等。

2.成品包装检验要求

(1) 检查包装材料是否正确、包装箱是否牢靠并符合规定要求。

(2) 包装前是否按文件要求对产品进行了油封、油漆、润滑（必要时）及外观的检验。

(3) 成品合格证书（或标志）的编号与包装箱编号是否相符。

(4) 包装箱上用户名称、地址、邮编及防雨、堆放等标志是否正确。

(5) 按装箱清单核对产品说明书、产品合格证书、附件、备件工具。

3.包装的品质检验

(1) 控制点设置。

包装的品质检验控制点主要包括开拉首件产品的确认，拉头工单资料的检查，包装配件、唛纸、纸箱的确认，在生产、包装过程中的不稳定因素，得到PQC和来料控制或其他途径的不良信息反馈，新员工操作。

(2) 作业要点。

①生产资料的核对，包括“装配生产通知单”、“包装规范”、“物料、零件规格（BOM）”等。

②包装样板的签收，即首件确认。

③材料、配件、纸箱的验证。

④过程的巡检。

(3) 巡检记录。

包装的品质检验根据当班的实际巡检结果，将具体情况按类别及时填写在“包装品质检验巡检日报表”的相应栏目上。

(4) 品质异常的反馈与处理。

如包装的品质检验在巡检中发现有不合格品的现象，须及时填制“成品检验报告”，经审核后交装配部改善，同时跟进改善结果，直至合格为止。

表1-28　成品检验报告

检验编号：

生产部门		组别		班次		负责人	
工单编号		产品编号		产品名称		客唛	
工单数量		检验批量		生产累计		生产日期	

续表

<table>
<tr><td rowspan="7">检验记录</td><td>检验项目</td><td>检验数量</td><td>检验结果/不良描述</td><td colspan="3">缺点数/收货标准</td></tr>
<tr><td></td><td></td><td></td><td></td><td></td><td></td></tr>
<tr><td></td><td></td><td></td><td></td><td></td><td></td></tr>
<tr><td></td><td></td><td></td><td></td><td></td><td></td></tr>
<tr><td></td><td></td><td></td><td></td><td></td><td></td></tr>
<tr><td></td><td></td><td></td><td></td><td></td><td></td></tr>
<tr><td></td><td></td><td></td><td></td><td></td><td></td></tr>
<tr><td rowspan="2">判定</td><td colspan="3" rowspan="2">□合格　□不合格退回生产部　□让步接受
检验员：　复核：　审批：</td><td>CR</td><td>MAJ</td><td>MIN</td></tr>
<tr><td></td><td></td><td></td></tr>
<tr><td>生产部
意见</td><td colspan="6">□返工　返工时间：月　日　时以前
□申请让步　申请让步原因：
经办人：　主管：</td></tr>
<tr><td>让步
处理</td><td colspan="2">□同意
□不同意
业务部</td><td colspan="2">□同意
□不同意
QC部</td><td colspan="2">□同意
□不同意
仲裁</td></tr>
</table>

（二）成品入库检验

1.检验项目

成品入库检验项目包括产品功能、产品外观、产品结构、尺寸检验（安装尺寸、连接尺寸）、易于检验的性能、包装及包装物。

2.成品入库检验要求

(1) 按照产品标准或检验作业指导书规定的入库验收项目，逐条逐项进行检验。

(2) 对随产品供应的附件、备件，应纳入成品验收检验的范围并认真执行。

(3) 对产品的合格证（或其他质量证明文件）、随机技术文件，应纳入成品验收的范围，进行核对与验收。

(4) 对产品的包装物与包装质量，应纳入成品验收检验的范围并认真实施。

(5) 成品验收检验的记录应齐全、准确。

3.入库检验程序

(1) 核对待检品。

制造部门将待检品送至最终检验区，最终检验人员核对入库单与待验品的料号及品名是否符合。

(2) 检验准备。

依成品入库单的料号、品名，调出该产品的检验标准；准备必要的设备与测试程序。

(3) 执行检验。

以每一包装作为一检验批进行抽检。

(4) 允收批处理。

最终检验人员依照检验标准检验允收后，在该批上粘贴“最终检验允收标签”，并在查检表上填写检验结果；最终检验人员核对允收数量及品名后，在入库单的品管栏签名或盖章。

(5) 拒收处理。

拒收处理应遵守如下要点：

①最终检验人员依检验标准检验后，检验批处于退货水准时，最终检验人员即拒收该批，并在该批上粘贴“最终检验拒收标签”。

②最终检验人员对该拒收批产品填写“最终检验抽验不良品分析表”，随拒收批产品退回制造部门，制造部门收到退货批后，应对退货批进行全检处理，并将不良原因及改善方式填写在分析表内。

③制造部门对于该批退货产品，应先判断是否人为疏失，若属人员疏失应立即改善，若不属人为疏失，转由生产技术部分析并由责任部门拟订改善方式。

④责任部门拟订好对策，并将不良品分析表送回最终检验人员，由最终检验人员确认改善对策能否有效执行，制造部门方可进行返工。

⑤最终检验人员对已处理的退货品重新检验。

⑥可由业务单位发出“成品品质异常联络单”，经相关单位会签，最后由品质管理部门裁决，正本送回业务单位，由业务单位分发给相关单位。

⑦如裁决允收，则最终检验人员将“最终检验拒收标签”改贴“最终检验允收标签”，并将原查检表注明“成品品质异常联络单”单号，若未核准则维持前述拒收批处理方式。

⑧品质部门须将“成品品质异常联络单”归档，作为日后追踪的依据，保存期限至少一年。

八、整理文件

品质经理案头文件相当的多，不仅是纸质文件，还有电脑中的各类文件。因此，要将各种文件整理好，以便在需要时可以立刻找到。

（一）纸质文件

（1）将文件资料进行分类，如可以按照文件类别进行，分为采购计划资料、供应商资料、员工资料以及个人文件等。也可以按照时间进行分类，以月或者周为单位进行整理。

（2）将现有文件柜中的废弃文件和不再使用的资料清除掉，留下的文件和资料要分别存放在柜子内的不同横档上。

（3）图纸与散页资料可以放到档案盒内存放。

一般办公室的纸质文件，我常采用以下方法来整理：

1.________________________________

2.________________________________

3.________________________________

4.________________________________

……

（二）电脑文件

对于电脑中存放的文件，也要进行整理归类。通常比较混乱的区域是桌面、我的文档、系统中用户的文件夹、个人下载目录。

（1）删除确定不再需要的文件。

（2）将通用的文件存放在一个大的目录中。

例如，使用“我的文档”，或者自己新建一个文件夹，把所有同类的文件和文件夹放在这一个大的文件夹内。这样方便备份和查找。

（3）创建其他一些目录分类存放文件，根据自己使用的习惯和要求，创建一些有意义的目录，这些目录分别存放相应分类的文件（夹）。如可以按照日期和时间，相关的人、活动事件，文件类型，地点等分类。

（4）创建子目录合理存放文件，在已经分好类的文件夹中，如果文件还是很多，尽量根据文件的属性，创建一些子目录，然后把相关的文件分别存放到子目录中。

工作提示

创建子目录时，不要创建层次很深的目录结构，这样反而会使查找更困难。

（5）通过排序和重命名，重新整理文件夹中的文件，使其一目了然。

一般电脑中的文件，我常采用以下方法来整理：

1.______________________________

2.______________________________

3.______________________________

4.______________________________

……

管理心得

每天工作结束后，品质经理可以对自己的工作进行一个简单的总结。其实也就是一个简单的个人工作日志。

我的日管理心得

已办事项	
未办事项	
待办事项	
今日管理心得	

第二章

一周工作安排与落实

引言

新的一周又开始了，该怎样来做好你一周的工作呢？仔细想想，本周有哪些主要工作：要与采购部、生产部等部门研究品质专项问题；要与仓库人员一起处理一批不良品；总经理好像交代周五前要上交品质部下一季度工作计划……

惨啦！事情这么多，怎样才能理清呢？看看，哪些必须在第一时间内完成，哪些可以稍微往后延……

如果你每周都处于这种忙碌"晕"的状态，那就要做好一周的工作安排与落实了。通过本章的学习，相信你一定可以远离这种状态，从而让工作更加有条理，更加轻松愉快！

一、制订一周工作计划

（一）每周时间分析

品质经理可以从周一到周五，连续使用工作（活动）分项分析表（见表1-4），将其统计结果分别填入表2-1。周六、周日一般不填，误差就是实际用时与计划用时之差，无计划的工作事项，计划用时计为零。

表2-1　每周时间分析表

时间 活动	计划用时							实际用时							误差
	周一	周二	周三	周四	周五	总计	排序	周一	周二	周三	周四	周五	总计	排序	
召开品质部门早会															
生产现场检验工作巡视															
处理客户投诉															
不合格品处理															
参加生产协调日例会通报当天检查情况															

续表

时间 活动	计划用时							实际用时							误差
	周一	周二	周三	周四	周五	总计	排序	周一	周二	周三	周四	周五	总计	排序	
质检员操作规范性检查															
5S实施与监督															
错检、漏检等异常原因分析及追溯															
成品标志、数量以及箱卡信息确认															
对生产员工的操作规范性、流程性确认															
记录紧急放行让步放行产品															
召开品质部门早会															
生产现场检验工作巡视															
……															
总计															

工作提示

对于每一周的工作事项，你可以参照第一章中日计划里对工作事项的相关分析，将工作按照紧急重要性进行安排，确保完成重要工作。

（二）制订工作计划

品质经理如何安排一周的时间呢？当然，可以制订一份周计划表，来对一周时间进行分配。表2–2是某企业品质经理的周工作计划表。

表2-2　周工作计划

序号	工作内容	阶段目标	目标完成时间							责任人
			周一	周二	周三	周四	周五	周六	周日	
1	量具采购	列出需要采购量具清单	○	○						
		确定采购量具交采购部购买	○	○	○	○	○	○		
2	制定品管员考核指标	列出品管员基本考核指标	○	○	○	○				
		确认各项考核指标	○	○	○	○	○	○	○	

现在，你可以以此为参考，来制订一份自己的周工作计划表。

表2-3　我的周工作计划表

序号	工作内容	阶段目标	目标完成时间							责任人
			周一	周二	周三	周四	周五	周六	周日	

二、主持与参加会议

品质经理要主持本部门周例会，还要参加部门周例会。因此要将本部门周例会时间与经理周例会时间进行协调，不要发生冲突。

（一）主持会议

品质经理每天早上都要参加部门早会，早会可以由员工主持，但是部门周例会却需要由品质经理亲自主持。因此品质经理必须学会主持会议。品质经理要如何提高开会的效率，让每个人都能各抒已见、各得其所？以下几点很重要：

1.把握时间

为了尊重每个人的时间，开会最忌讳的就是拖延时间。所以要让会议顺畅地进行，要对每个议题的讨论时间有限制。比如需要讨论品管员专题培训、统一物料质量检验标准、编制质量手册等，可是在讨论品管员专题培训时讨论了10多分钟还没有结果，最好是将品管员专题培训这个议题记下来，下次开会时再讨论。

2.明确主要目的

品质经理召开部门周例会与每天早会不完全一样。因为早会只是对一天工作进行安排，可是周例会则是对一周工作进行总结和安排，因此涉及事项更多。所以品质经理可以将会议目的简单罗列。

我召开本周例会目的，主要包括以下几个：

1.____

2.____

3.____

4.____

……

3.建立会议议程

在开会前必须清楚这次会议的目的、本质和架构。整理成清楚的议程，并在会议前让大家传阅。当然，在部门内部形成周例会制度，大家都已经比较熟悉自己需要准备的资料，对会议程序也很熟悉，就不需要再多加强调。

（二）参加会议

品质经理每周都要参加部门会议，此时作为一个会议参加者而参与会议，那参加会议时要做好哪些事项呢？

1.有准备地赴会

品质经理在走进会议室之前，首先要弄清楚几个问题，当然周例会作为常规型会议，一般都比较清楚。但是，如果是紧急会议则不一样了。

如生产部反映A物料出现问题，需要马上寻找替代物料，因此生产部、品质部、技术部、仓储部各部门经理及总经理召开紧急会议处理问题。由于该物料比较紧缺，供应商一时无法提供替换物料，因此决定由技术部寻找替代物料。最后选择了一家供应商提供替代物料。

因此，如果是紧急会议，则要明确以下事项，如表2-4所示。

表2-4　需要明确事项

序号	问题	是否明确	备注
1	谁召集这次会议	□是　□否	
2	为何召集这次会议	□是　□否	
3	这次会议是否为了哪些悬而未决的老问题而召开	□是　□否	
4	是否为了摆脱棘手的问题而召开	□是　□否	
5	是因为某些人想迫使上级下决心作决策而召开	□是　□否	

如果在会议中，有需要讨论的问题或事情，品质经理最好事先列出，在参加会议时可以用来提醒自己。

我在参加这周会议时，将要与大家讨论以下问题：

1.______________________________

2.______________________________

3.______________________________

4.______________________________

……

品质经理需要准备好上周工作总结和本周工作计划，以便与其他部门有效沟通。

2.做好会前疏通

如果有新的提议，而且提议可能会威胁到另一部门或另一些人的安全，在会议之前，先与这些可能反对你意见的人进行疏通。必要的时候，可以让他们用他们自己的名义提出你的观念。

由于采购部没有将来料情况信息准确传递给品质部，导致有来料到仓库时品质部没有人员去进行检验，最终导致物料出现问题，进而影响生产车间生产进度。因此，各部门之间信息沟通非常重要，品质经理可以同生产部经理沟通，由生产部经理提出生产进度受影响问题，然后进一步寻找原因。

在这里，可能就要威胁到采购部的利益，但是对于整家企业而言，这个提案是好的。因此，会得到其他各部门的支持。

工作提示

不论你是否在会议前进行疏通，在会议中，一旦由你提出新观念，就千万不要在言辞上威胁到利害攸关的人士。

3.谋求沟通方法

会议场合中的沟通媒体除了有声的语言之外，无声的语言——诸如仪容、姿态、手势、眼神、面部表情等，仍然扮演着相当重要的角色。应该特别留意以下几个方面。

（1）仪容要整洁。

（2）准时或提早抵达会场。

（3）避免穿着奇装异服。

（4）留意坐姿。

（5）两眼正视。

（6）借手势或物品引起注意并强调自身的观点。

我认为在参加会议时，需要注意以下事项：

1.______________________________

2.______________________________

3.______________________________

4.______________________________

……

三、不良品标示与不良品隔离

在企业生产现场，由于某些员工的粗心，常常把不合格品与合格品混在一块。由于没有做好标示，一旦遇上工作繁忙、人员往来又比较频繁的情况时，大量的不合格品就会轻易地流入下一道工序，导致下一道工序也同样存在上一道工序的问题。

（一）不良品标示

标示主要有核准的印章、标签、产品加工工艺卡、检验记录、试验报告等。

1.标志牌

标志牌是由木板或金属片做成的小方牌，按货品属性或处理类型将相应的标志牌悬挂在货物的外包装上加以标示。根据企业标志需求，可分为“待验”牌、“暂收”牌、“合格”牌、“不合格”牌、“待处理”牌、“冻结”牌、“退货”牌、“重检”牌、“返工”牌、“返修”牌、“报废”牌等。标志牌主要适用于大型货物或成批产品的标示。

2.标签或卡片

该标志物一般为一张标签纸或卡片，通常也称之为“箱头纸”。

在使用时将货物判别类型标注在上面，并注明货物的品名、规格、颜色、材质、来源、工单编号、日期、数量等内容。

表2-5　物料检验单

检验员：　　　　　　　　　　　　日期：

品名	数量	规格	颜色	材质
来源	□合格　□不合格　□待检			

在标示品质状态时，品管员按物品的品质检验结果在标签或卡片的“品质”栏盖相应的标示印章。

标签或卡片主要适用于装箱产品和堆码管制的产品或材料、配件。一张标签或卡片只能标注同类货物。

3.色标

色标的形状一般为一张正方形的（2cm×2cm）有色粘贴纸。它可直接贴在货物表面规定的位置，也可贴在产品的外包装或标签纸上。其颜色一般分为：绿色、黄色、红色三种，其中：

（1）绿色代表受检产品合格，一般贴在货物表面的右下角易于看见的地方。

（2）黄色代表受检产品品质暂时无法确定，一般贴在货品表面的右上角易于看见的地方。

（3）红色代表受检产品不合格，一般贴在货物表面的左上角易于看见的地方。

色标主要适用于量具、刀具、工具、检验器材、生产设备的校验结果的标注，大型产品品质的标示，全检产品品质的标示，模具态的标示，大型型材等特殊性货物品质的标示。

（二）标示使用

在生产现场的每台机器旁，每条装配拉台、包装线或每个工位旁边一般应设置专门的不良品箱。

（1）员工自检出的或PQC在巡检中判定的不良品，员工应主动地放入不良品箱中。

（2）每只箱内只能装同款、同色、同材质的不良品，不能混装。

（3）所有不良品表面不能有包装物和标签纸等附属物。

（三）不良品隔离

1.规划不良品区域

（1）在各生产现场（制造、装配或包装）的每台机器与流水线的每个工位旁边，要设置不良品箱或袋，用来收集生产中产生的不良品。

工作提示

专门划出一个专用区域用来摆放不良品箱或袋，该区域即为“不良品暂放区”。此区域的不良品摆放时间一般不超过8小时，即当班工时，结束前必须清理。

(2) 各生产现场和楼层要规划出一定面积的“不良品摆放区”用来摆放从生产线上收集来的不良品。

(3) 所有的“不良品摆放区”均要用有色油漆进行画线和文字注明，区域面积的大小视该单位产生不良品的数量而定。

(4) 在“不良品区”内只能放置该工序的不良品，便于查找原因以及维修。

(5) 在“不良品区”内不能摆放合格的产品或物料、配件，即使没有不良品，也得留出空间。

2.实施隔离

(1) 检验员一但发现不良品就要立即涂上（打上）标记，进行隔离存放，避免在生产中发生混乱。经区分确定返修的放入返修品专用箱（架）或返修品存放区域。

(2) 回用品经办理回用手续后做出标记放回合格品中。废品应放入废品隔离室或废品箱，妥善保管。

工作提示

未经检验部门同意，任何人不得擅自动用废品。对违章行为检验人员有权制止、追查和上报。在检验现场隔离的废品要及时清理，并在检验部门的参与下，运送到废料库保管或销毁。

3.不良品处理

不良品一旦被判定，就应该将不良品集中打包或装箱。QC在每个包装物的表面盖“REJECT”印章后，由现场杂工送到“不良品摆放区”，按类型堆栈、叠码。然后区分哪些彻底报废，哪些进行重工。

(1) 品管员在外箱上逐一盖“报废”字样后，送到工厂划定的“废品区”进行处理。

(2) 重工。品管员在外箱上逐一盖“返工”字样或挂“返工”标志牌，责成有关部门进行重工，具体包括返工、返修、挑选及选择性做货。

(3) 条件收货。品管员接收货通知，取消所有不合格标志。外箱若有不合格字样则用“绿色”色带进行覆盖。将质量情况记录下来，保持质量追述。

对于车间不良品与良品杂乱混在一起的现象，我一般采用下列方法处理：

1.________________________________

2.________________________________

3.________________________________

4.________________________________

……

（四）不良品评审

不良品在隔离后，需要QC部门对其是否再利用进行审核，以减少因全部报废而带来的损失。

评审内容包括是否属于不良品，是否判断错误，生产不良的原因，是否可以返工，是否可以偏差接受，是否可以进行挑选，是否暂存，是否报废等。

评审完后，填写不良品评审处理单，以保证质量的可追溯性。

表2-6　不良品评审处理单

<table>
<tr><td>不良信息来源</td><td></td></tr>
<tr><td colspan="2">不良品或服务情况描述：

发出部门/人：　　　　　　年　月　日</td></tr>
<tr><td colspan="2">不良原因：</td></tr>
<tr><td colspan="2">不良品或服务的处理方案：

处理部门/人：　　　　　　年　月　日</td></tr>
<tr><td colspan="2">不良性质：□ 一般不良　　□ 重大不良
纠正措施：□ 不需采取　　□ 需要采取</td></tr>
<tr><td colspan="2">纠正与纠正措施：

制定人/日期：　　　　　　年　月　日</td></tr>
</table>

续表

处理情况记录： 处理部门／人：　　　　　　　　年　　月　　日
措施效果：□有效　　□效果不大　　□无效

（五）不良品处置

不良品一经查出，就应采取措施予以处置。一般的处置方式包括条件收货、拣用、返工与返修、退货、报废等。

1.条件收货

不良品经局部修整后，可接受或直接使用且不会影响产品的最终性能时，在品质上可视为允收品范围内。对此类产品的接收，也称为“让步接收”或“偏差接收”。

当该批来货被特许进厂后，IQC应在该批来货上做“特采”标记，并将验货信息传递给来货使用部门和该部门的PQC，以备相关部门做出应对行动。

2.拣用

来货基本合格，但其中存在一定数量的不良品时，在入库前或使用前，由工厂安排人力将不良品剔除掉，然后再将来货入库或投入生产的过程，称为“来货拣用”。

如果该批来货未经挑选，即投入生产中使用，由使用部门边挑选边做货，这种做法称为“挑选性收货”。

3.返工与返修

返工、返修是指对不良品的重新加工和修理，使产品品质达到规定要求。QC部在对返工、返修作业进行管制时，主要应做好以下几个方面的工作：

（1）掌握好品质允收标准，并向返工与返修人员阐明品质要求与要点。

（2）在制品的品质检验与试验的方法。

（3）记录返工品的品名规格、数量。

（4）对返工品进行重检。

返工后的产品须经检验，符合规定要求，即合格后才能放行。返修后的产品经检验，虽不符合规定要求，但能满足预期的使用要求，经检验并办理让步手续后才能放行。

4.退货

退货是指因来货品质不合格，经QC鉴定后，将来货退回发货部门的行为。不论被退的货物是自制还是外购进厂，QC在作出退货决定前，都应作如下考虑：

（1）来货可否按其他方式被接收，如挑选、返修。

（2）所退的货物是否为组成产品的重要部分。若被使用，对产品的最终品质是否会造成严重影响。

（3）若进行退货是否会造成生产线的停工待料，如来货被强行使用会造成重大品质隐患，则一定要退货。

对于不良品，我一般会采取以下方法进行处理：

1.____________________

2.____________________

3.____________________

4.____________________

……

以下是某企业不良品控制程序，仅供参考。

【范例03】不良品控制程序

不良品控制程序

1.目的

建立并保持对不合格的原材料、外协件、外购件、在制品、半成品和成品的有效控制机制，防止不良品的非预期使用或交付。

2.适用范围

适用于对生产实现全过程的不良品的控制。

3.权责

3.1 品质部负责组织对不合格品的评审验证工作。

3.2 采购部、开发部负责与供应商的联络与协调工作。

3.3 各生产部门负责生产的不良品的返工与返修。

3.4 技术副总经理负责对不合格进料、半成品、成品的处理方式的确认，必要时应组织评审。

4.工作程序

4.1 进料不合格的控制。

当来料整批或部分不合格时，IQC检验员应将来料检验报告呈IQC主管人员审核，品质部经理审批，而后交相关部门会签；必要时须最终获技术副总经理签准。

4.1.1 当来料为生产急用，不合格项又不至于引起顾客的抱怨时，可作“特采”处理（如合同有要求时，特采接收一定要经顾客认可同意）。IQC检验员在该批物料的适当位置上贴“特采”标签/印章；同时在来料送检单上注明“特采接收”字样。

4.1.2 如物料为生产急用，该物料又可为生产使用部门加工/挑选使用时，可作“加工/挑选”处理。IQC检验员在该批物料的适当位置贴上“加工/挑选”标签/印章，在来料送检单上注明“加工/挑选”字样。与此同时，IQC检验员应填写来料检验报告经IQC主管人员审核，品质部经理审批后转物控部、生产使用部门会签，以利后续跟进。

4.1.3 如物料不为生产急用或使用后必定引起顾客的抱怨，则对该批物料作“退货”处理。IQC检验员在该批物料的适当位置贴上红色“不合格”标签或盖“不合格”印章，同时在来料送检单上注明“不合格”字样。同时，IQC检验员应填写来料检验报告经IQC主管人员签名，品质部经理审批后给相关部门会签。对退货处理的物料，由采购部及时与供应商办理退货事宜。

4.2 生产过程中来料不良品的控制。

（注：此处的“来料”可以是上一道工序的产品，也可以是外协件、外购件。）

4.2.1 各责任部门将生产中发现的不合格原材料、零部件或半成品进行隔离（将不良品放在有“不良品”标志的容器/红色容器中，或将其放在不良品区域），并及时对不良品进行分类整理；然后开具退料单，通知QA判定；必要时开具质量问题反馈报告进行评审和改善。

4.2.2 QA按相应检验要求对不良品进行检验，并在退料单及“不良品”标志卡上填写处理意见。

对不良品的处理包括：

（1）不合格的外购（外协）物料、零部件退回供应商。

（2）报废。

（3）返工 / 返修。

（4）特采。

（5）挑选 / 加工使用等。

4.2.3 各责任部门根据评审结果对不良品进行处理，并执行改善措施。

（1）供应商的不合格外购材料、零部件，由物控部及时通知采购部进行处理。

（2）作废的不良品，各生产部门将其退回物控部，物控部按物品报废管理规定适时申请报废或转卖。

（3）作“挑选 / 加工”使用处理的不良品，由各生产部门安排合适人员进行挑选 / 加工使用。

（4）要求返工的不良品，由各生产部门返工，返工后的产品由品质部复检。

4.3 生产过程中不良品的控制。

生产过程中检查或自检发现的单个不良品，应在其相应部位贴红色箭头纸或放在“不良品”标志容器/红色容器中，或将其放在不良品区域，并按以下要求进行处理：

4.3.1 外观不良品由生产部门返工。

4.3.2 性能不良品由生产部门返修，并将修理结果记录在每日维修记录单上，返修后的产品应做好返修标记，并将它从第一道检验工序前的适当位置投入生产线重检；重检合格后，检验员应将返修标记去掉。

4.3.3 对于不能返工、返修的产品，由生产部门收集，进行适当的拆卸。拆卸后仍旧合格的零部件继续使用；已损坏的零部件作退料并经评审后作适当报废处理。

4.4 成品、半成品QA入库检验中不合格批的控制。

4.4.1 当成品、半成品批次一般不合格时（即通过返工可满足要求），QA检验员应填具产品检验报告，由权责人员核准后通知生产部门返工。

4.4.2 当成品整批不合格时，QA检验员应将成品检验报告交品质部经理签署处理意见，必要时交技术副总经理及相关部门评审确认。

4.4.3 处理决定包括返工、返修、让步接收、报废等。

（1）生产返工或返修后的产品需经QA检验员重新检验。

（2）让步接收应不影响顾客的使用，不引起顾客的抱怨。有合同要求时，让步接收应经顾客批准认可。

（3）批准报废的产品，由生产车间填写退料单退回指定仓库，由公司统一处理。

4.5 老化试验和型式试验的控制。

4.5.1 当成品老化试验不合格时，QA检验员应出具质量问题反馈报告呈品质部经理签署处理意见后，交技术副总经理及相关部门会签并执行。

4.5.2 当型式试验不合格时，品质部经理出具型式试验报告交技术副总经理处理。

4.6 最终出货检验不良品控制。

出货检验员应将最终出货检验报告交品质部经理签署处理意见，必要时交技术副总经理审批确认后，交相关部门会签并按4.4.2执行。

4.7 交付后或投入使用后不良品的处理。

4.7.1 交付后或投入使用后的不良品，本公司依照诚信原则给予更换、修理或赔偿。

4.7.2 顾客退回需维修的产品由品质部组织进行原因分析并确定维修方案，修理好的产品按产品入库/出库运作规程运作。

4.7.3 顾客退货（所有权不再属于顾客）的处理见“顾客退货（抱怨）处理规程”。

4.7.4 品质部视问题的严重性，适时向责任部门发出纠正和预防措施要求单。

5.相关文件

5.1 来料检验作业指导书。

5.2 物品报废管理规定。

5.3 顾客退货（抱怨）处理规程。

6.相关记录

6.1 每日维修记录单。

6.2 来料检验报告。

6.3 产品检验报告。

6.4 最终出货检验报告。

6.5 质量问题反馈报告。

6.6 型式试验报告。

6.7 “不合格”标签。

6.8 “加工/挑选”标签。

6.9 “特采”标签。

6.10 纠正和预防措施要求单。

6.11 来料送检单。

6.12 退料单。

四、成品出货检验

出货检验是指将仓库中的产品送交客户前进行的检验。品质经理要做好成品出货检验工作，尽量减少不良品出货。

（一）出货检验要求

(1) 产品在入库前已经进行了严格的检验，所以一般无需进行出货检验。

(2) 如果仓库储存环境（如温度、湿度）对产品有影响时，则需进行出货检验。

(3) 对保质期有要求的行业，如食品行业，出货检验是必要的。

(4) 出货检验的项目同入库检验一样，也可从入库检验的项目中选择一部分进行。

（二）出货检验内容

一般出货检验内容，如表2-7所示。

表2-7　出货检验内容

范围	内容及要求
外观检查	检查产品是否变形、受损，配件、组件、零件是否松动、脱落、遗失
尺寸检验	测试产品是否符合规格，零配件尺寸是否符合要求，包装袋、盒、外箱尺寸是否符合要求
特性验证	检验产品物理的、化学的特性是否产生变化及对产品的影响程度
寿命试验	在模拟状况下和破坏性试验状态下，检测产品寿命期限
测定产品抗衡能力	测定产品抗拉力、抗扭力、抗压力、抗震力等方面是否符合品质要求
产品包装和标志的检查	1.检查产品的包装方式、包装数量、包装材料、单箱装数是否符合要求 2.标志纸的粘贴位置、标志纸的书写内容、外箱的填写是否规范 3.纸箱外包装是否有品检部门加盖的“PASSED”印章

（三）出货检验程序

1.安排检验

仓储部依“出库通知单”内容安排出货物品，通知品质部人员进行出货检验。

2.不合格品的判定

品质经理根据“产品品质标准”判定抽检中出现的不合格品数量，对无法判定的产品，可填写“品质抽查报告”，连同不合格样品交品质主管判定。根据最终仲裁结果，确定不合格品处理意见。

3.验货结果的判定与标志

品质经理根据不合格品的确认结果，判定该批产品是否允收。

(1) 对允收批（单）产品，在其外箱逐一盖“QA PASSED”印章，并通知货仓部入库。

(2) 对拒收批（单）产品，应挂“待处理”牌，货仓部不得擅自移动此类产品。

4.产品的补数和返工、返修、报废

根据检验结果确定送检批产品的允收情况，并书面通知生产部进行补数、返工、返修直至报废。

表2-8　品质抽查报告

抽查日期：

<table>
<tr><td colspan="4">生产部门：　　　　生产班级：　　　　机号／工位：</td></tr>
<tr><td colspan="4">工单编号：　　　　生产数量/CNO：　　　　严重次品率：</td></tr>
<tr><td colspan="4">产品编号：　　　　抽查数量/CNO：　　　　轻微次品率：</td></tr>
<tr><td colspan="4">产品名称：　　　　工单数量：　　　　客唛：　　　　货品位置：</td></tr>
<tr><td colspan="4">抽查结果：□合格　□暂收　□退货（重检）　□返工</td></tr>
<tr><td>品质状况描述</td><td>CR</td><td>MAJ</td><td>MIN</td></tr>
<tr><td></td><td></td><td></td><td></td></tr>
<tr><td>品管员：　　　　复核：　　　　审批：</td><td></td><td></td><td></td></tr>
<tr><td>生产部建议：</td><td colspan="3">生产部重检期限：　　　　预定复检日期：
生产部经办人：　　　　生产主管：</td></tr>
<tr><td colspan="4">品质部复检情况：
品质员：　　　　复检日期：　　　　复核：</td></tr>
</table>

5.验货记录

（1）品管员在完成所有验货后，应及时填制“成品出货检验报告”交品质经理签批，并将此期间产生的所有表单一起交品质部存档，品管员只保留“品管员工作日志”。

（2）如有客户要求验货时，由品质部派员陪同，验货程序同品管员的验货程序一样，但要使用客户验货记录单。验货完成后，由陪同的品管员将客户验货记录单一式两份交品质经理签名，一份由品质部自行保存，另一份交客户。

成品出货检验中，我会重点控制以下几个方面：

1.____

2.____

3.____

4.____

……

五、量具采购

（一）量具采购申请

一般来说，量具采购是由品质部、技术部发起的。品质部、技术部根据产品生产工艺要求，编制量具购置计划，由品质部、技术部主管审核后，报总经理批准后实施。计划可包括：

(1) 需要购置的量具名称、型号、规格及数量、使用日期。

(2) 需要购置的量具用途、功能及其技术参数、使用期限。

(3) 有关设备购置、安装费用、运作维护费用、对使用人员的培训要求等。

提出申请后，采购部会具体负责量具的购进工作。以下是某企业量具购置计划表，仅供参考。

表2-9　量具购置计划表

<table>
<tr><td>需求部门</td><td colspan="2">品质部、技术部</td><td colspan="2">申请部门</td><td colspan="2">品质部、技术部</td></tr>
<tr><td>设备名称</td><td colspan="2">卡尺</td><td colspan="2">型号</td><td colspan="2">数显类卡尺</td></tr>
<tr><td>产地</td><td colspan="2">待采购部寻找</td><td colspan="2">最高限价</td><td colspan="2">由采购部据情况而定</td></tr>
<tr><td>用途</td><td colspan="2">用于产品尺寸测量</td><td colspan="2">使用期限</td><td colspan="2">约2年</td></tr>
<tr><td>需要进行人员培训否</td><td colspan="6">不必要，现场操作几次便会使用</td></tr>
<tr><td>主要技术参数</td><td colspan="6">卡尺的分辨率500～1960</td></tr>
<tr><td>主要配置配件</td><td colspan="6">无</td></tr>
<tr><td>申请人</td><td></td><td>审核</td><td>品质经理</td><td>审批</td><td colspan="2">总经理</td></tr>
</table>

（二）量具验收

凡量具购进后，均应该由品质部进行验收，并由验收负责人填写量具验收单。验收内容包括：

(1) 量具名称、型号、规格、生产商。

(2) 量具功能、技术指标、使用环境等是否符合购置制订计划。

(3) 量具附件，如使用说明书等。

表2-10　量具验收单

编号：

量具名称		规格		型号	
供应商		时间		用途	
验收状态					
量具功能	□合格	□不合格	差距：		
技术指标	□合格	□不合格	差距：		
使用环境	□合格	□不合格	差距：		
使用说明书	□合格	□不合格	差距：		
其他	□合格	□不合格	差距：		
检验员：			时间：		

工作提示

如果企业无能力验收的设备或项目，由品质部送国家法定检验单位验收，并取回记录后存档。

对于量具验收，必须注意以下几点：

1.______________________________

2.______________________________

3.______________________________

4.______________________________

……

六、来料后段重大品质问题处理

来料后段重大品质问题是指供应商交货后所发生的重大品质问题，如造成本企业作业员的受伤，甚至人身安全危险，或本企业大量产品的报废，及本企业产品到顾客或消费者手中发生大的客诉、抱怨、索赔等事件。对于重大品质问题处理，不仅是品质部一个部门的事情，而且需要各个部门的配合。

工作提示

来料后段重大品质问题的发生，对企业的危害是非常大的，甚至会导致企业的倒闭。企业在处理时必须严谨而慎重。

（一）事件发生

在实际工作中，发生的事件可能是多种多样的，有可能是生产过程中发生较大的问题，也有可能发生在顾客处，还有可能在消费者处，因此可以将事件分为企业内和企业外。

1.企业内

在企业内发生的事件相对较好处理。事件一发生，现场人员立即上报主管，主管人员到场，在保护人员的基础上保持现场的状态不被破坏，并请相关专业人员来做初步鉴定。

2.企业外

对于企业外发生的事件，企业最先要由具备一定技术和经验的人员进行电话沟通，初步判定问题所在，并用积极的态度对待。

（二）分析和判定问题原因

在判定原因时，一定要严谨而慎重，并且客观地分析，根据产品的追踪性找问题的根源，再明确相关人员的责任。如有供应商方面的原因必须尽快联系供应商；如无供应商方面的原因，则企业内部人员要采取一定的奖惩措施以示警告。

（三）联系供应商到位

联系供应商一般是先通过采购人员联系，也可由高层主管人员对高层主管人员联系，并且根据问题的大小及性质，可指定供应商的处理级别以示严肃。

（四）供应商认清问题所在

供应商认清问题所在，除了要在技术层面上让供应商认同之外，还要在物料的追踪上让供应商认可是他们的物料，否则容易引发权责问题，最好还能与供应商沟通预防的措施。

（五）与供应商商讨责任归属及义务

这是最严肃的问题。

（六）内部讨论后由事务处理

讨论后由事务处理的责任人员、流程、方法。

（七）落实供应商的责任与义务

如发生重大问题，品质抱怨也不需要下发，企业应立即暂停所有新订单下发给该供应商，将供应商等级直接降低，甚至是取消供应资格，这时采用的是通知单。

对于来料后段重大品质问题，我认为应该采用以下方式妥善处理：

1.________________________________

2.________________________________

3.________________________________

4.________________________________

……

七、质量成本分析

质量成本分析的目的是找出企业各项质量成本的发生情况，从而能有针对性地找出管理对策，以便使各项成本合理化，并能予以降低。

（一）预防成本分析

预防成本分析，具体如表2-11所示。

表2-11　预防成本分析

成本项目	成本说明	计算来源
质量控制工程	1.质量经理体系的稽核与评价 2.数据的分析与纠正措施 3.控制设备的设计与改善 4.检验、量测治具的设计 5.可靠性工程的计划	1.工作人员工资 2.质管职员及主管的工资 3.协助参与工作人员工时费用的估算
质量会议	1.公司各级质量经理会议（月、周） 2.质量改善的专案会议 3.因质量问题召集的会议 4.其他与质量有关的会议	1.非质管人员开会时间乘以工资率或以实际工资比例计算 2.出差、交通费用
质管活动	1.改善提案活动 2.质管宣传活动 3.外界的质管观摩、研讨会 4.加强质量意识的宣传活动	1.依实际发生的费用计入 2.以参加活动的人员工时乘以工资率估算费用
新产品审核	1.新产品试制费用 2.购买同类产品作比较分析	依实际发生的费用计算，由开发人员提供
质管训练	1.公司内部质量训练课程 2.外界举办的质管训练班 3.质管书籍、杂志	1.人事部门提供 2.总务部门提供
供应商调查、评鉴与辅导	1.新供应商调查 2.进料质量问题点辅导改善 3.质量水准评估	1.由协助部门提供协助人员工资及交通费用 2.工作人员工时费用
其他费用	1.其他机能的质量计划 2.文具、纸张与杂项开支 3.其他为防止不良发生所引起的费用	1.依比例分摊 2.依实际发生的费用列计

（二）鉴定成本分析

鉴定成本分析，具体如表2-12所示。

表2-12 鉴定成本分析

成本项目	成本说明	计算来源
进料检验	1.内外购材料、零件的验收 2.场地设备、水电、搬运设备 3.检验人员 4.其他文具、工具等必需品	1.工作人员工资 2.场地费按分摊比例计 3.水电费按分摊比例计 4.其他按每月实际费用列计
制程质量控制	1.线上检查人员工时 2.巡回抽查工时	按工作人员工资列计
成品质量检验	成品检验人员工时	按品管人员工资列计
检测仪器的保养与校准	1.仪器保养、管理工时 2.仪器校准分摊费用 3.仪器送外校准费用 4.仪器修护费用	1.工作人员工资 2.按规定比例分摊 3.按实际发生费用列计
检测仪器折旧费	1.为检查产品、零件的质量所使用 2.可靠性试验所用的设备	按公司规定的折旧分摊年限平均分摊
材料、成品检查的耗损	破损、试验、损耗的材料或成品	按品质部及开发部提供的实际损耗
可靠性实验费	1.工作人员工时 2.损耗的材料及相关费用	1.工作人员工资 2.按实际发生的费用列计
委托试验、认证及其他费用	1.委托技术监督局或他检验机构的试验费 2.申请国内外各类质量认证的费用，如UL、TUV、CCEE等	1.按实际发生费用列计 2.损耗的零件或材料并入计算 3.申请时发生的费用 4.定期缴纳的认证费 5.其他杂项开支按实际发生的费用列计

（三）内部故障成本分析

内部故障成本分析，具体如表2-13所示。

表2-13　内部故障成本分析

成本项目	成本说明	计算来源
报废	经加工后因质量不良而无法修理的半成品或成品的制造成本（但须扣除剩余价值的金额）	1.因正常加工必须损耗的材料不列计 2.非因作业不良所产生者不列计
重新加工	质管检查未达到质量标准需重新加工所引起的工时及材料等费用	1.修理人员的工资 2.批退处理人员的工时 3.修理所损耗的零件材料
闲置时间损失	因质量问题导致停线所损失的直接工时及制造费用	由生管部提供，依工资率、费用率及人数列计
其他费用	1.进料不良的损失 2.处理质量不良矫正工程的费用 3.重新检验费用 4.故障分析费用 5.降为次级品的损失	1.依实际发生的费用列计 2.由质管部及生技部提供

（四）外部故障成本分析

外部故障成本分析，具体如表2-14所示。

表2-14　外部故障成本分析

成本项目	成本说明	计算来源
服务材料支出成本	1.保证期间内免费更换零件材料 2.因其他原因未能收费的零件成本	由业务部提供资料，依实际发生的费用列计
抱怨处理损失	因顾客抱怨而引起的费用，如工时、差旅费、邮电费等	1.依实际发生的费用列计 2.由品管部及业务部提供
折让损失	1.因质量欠佳而折价出售的损失（例如库存过久导致内部折卖或廉价出售） 2.因质量欠佳所造成的客户的索赔损失	由业务部、制造部提供
逾期交货赔偿	成本说明因质量不良而延迟交货所付的赔偿金	1.依实际发生的金额列计 2.由财务部提供
新品交换损失	产品售出后，因顾客不满退回交换的损失	搬运工时、整新、修理工时及材料费等依实际发生的金额填列

续表

成本项目	成本说明	计算来源
服务费用	保证期间内免费服务的工时、交通费、设备费	依本公司规定费率、计件支付的金额填列
其他费用	1.派往各地支援服务的损失 2.因售后质量不良引起的损失（商誉损失等）	1.工作人员的差旅费、工时费用依实际发生列计 2.订货生产因质量不良而取消订单者，依损失列计

（五）质量成本报告

质量成本报告是在质量成本分析的基础上写成的书面文件，它们是企业质量成本分析活动的总结性文件，供企业有关部门决策使用。

1.质量成本报告的基本内容

报告一般需要包括质量成本发生额的汇总数据、原因分析和质量改进对策三大内容，所以要包括以下内容：

(1) 质量成本计划执行和完成情况与基期的对比分析。

(2) 质量成本的四项构成比例变化分析。

(3) 质量成本与主要经济指标的效益比较分析。

(4) 典型事例和重点问题的分析以及处理意见。

(5) 对企业质量问题的改进建议。

2.质量成本报告形式

质量成本报告内容可以繁简各异，形式可以多样。按时间可采用定期报告和不定期报告；按书面形式可采用报表式、图表式和陈述式。品质成本报告应该由财务部和品质部联合提出，以保证成本数据的正确性。

工作提示

质量成本报告的次数，对高层领导的要少一些，如公司规模大又无异常变化，可一季度一次，而对中层领导则应该一月一次；如情况有异常，可每旬报告一次，以便及时处理质量问题。

管理心得

管理心得，其实是品质经理对自己个人工作的总结。可以是对某一个事件的看法，也可以是对某一项工作的实施计划；可以是成功的经验，也可以是失败的教训。

我的周管理心得

已办事项	
未办事项	
待办事项	
通过这一周的工作，我最大的收获是：	

第三章

一月工作安排与落实

引言

品质部工作事多且杂，需要与各个部门沟通协调，如果没有按时做好工作，将会影响其他部门正常运转。

总经理和采购部都在询问供应商来厂了解有关产品品质问题，商讨双方有关检验标准及解决方法。人力资源部又在催上个月部门品管员的绩效考核情况。

每个月的工作有常规的，也有突发的，品质经理要做到让自己忙而不乱，井井有条，必须做好工作安排。

一、制订一月工作计划

（一）月度重点工作指引

一年有12个月，品质经理可以制定月度重点工作，表3-1是某品质经理的月度重点工作指引。

表3-1　月度重点工作表

月份	重点工作	备注
1月	1.统计各过程品质目标并进行业绩评估 2.建立品质管理制度和考核办法 3.对生产过程中选出的来料不合格品进行确认，并协助采购部进行处理 4.制定年度质量管理目标	
2月	1.检验设备及检测器具的管理 2.错检、漏检等异常的原因分析及追溯 3.对品管员检验工作进行抽查	
3月	1.与采购部、仓库共同协商物料验收入库事宜 2.计量器具检定周期和报废的批准，制作MSA 3.对所有员工进行品质意识专题培训	
4月	1.编写成品出库抽样检验方案 2.向人力资源部提交人员需求申请并配合人力资源部招聘品管员	

续表

月份	重点工作	备注
5月	1.生产单确认（包括工艺、图纸要求标准样品等） 2.陪同供应商来厂了解有关产品品质问题，商讨双方有关检验标准及解决方法，将结果向上司和采购部反馈	
6月	1.总结上半年品质工作情况并进行下半年品质工作规划 2.确认合同产品的品质保证能力（产品规范/规格、测试手段及方法）	
7月	1.对新产品的包装材料、纸箱、通过实际装配及箱进行综合评估，将结果记录在评估单上返回采购部 2.组织企业内部评审 3.部门人员工作质量检查和考核 4.选择认证机构并签订认证合同	
8月	1.审订和修改品质部的工作操作流程和管理制度 2.按照企业的发展规划拟订部门人员编制，报公司批准 3.工程不良的统计、分析，协同工程部、生产部进行原因分析，提出纠正措施，并跟进其改进	
9月	1.配合认证机构审核工作 2.组织新物料检验专题培训 3.指导供应商建立相应质量管理体系，提供质量管理与质量技术支持与培训	
10月	1.安排仓管员接收物料并配合品质部验收 2.处理认证中发现的不合格项	
11月	1.企业所有计量器具到期校准，包括外校、内校及自制检具的校准 2.接待第二方、第三方对产品质量和质量体系的认证及后续联络	
12月	1.品质部年终总结及下年度的安排 2.组织企业年度内审 3.组织企业年度管理评审 4.配合人力资源部对品质部所有人员进行年终考核	

工作提示

对于每一月的工作事项，你可以参照第一章中日计划里对工作事项的相关分析，将工作按照紧急重要性进行安排，确保完成重要工作。

当然，你可以根据自己的实际情况来编制一份自己的月重点工作指引表。

表3-2　我的月重点工作指引表

月份	重点工作	备注
1月		
2月		
3月		
4月		
5月		
6月		
7月		
8月		
9月		
10月		
11月		
12月		

（二）月工作计划

品质经理确定了每一个月的重点工作之后，就要制订具体每个月的工作计划。表3-3是某品质经理的月工作计划。

表3-3　月工作计划

序号	工作内容	阶段目标	目标达成时间				责任人
			第一周	第二周	第三周	第四周	
1	选择认证机构		○				
2	估算认证机构费用		○				
3	申请ISO 9000认证			○			
4	签订认证合同			○			
5	做好认证机构审核准备工作			○			
6	配合认证机构审核				○	○	
	……						

可以看出，该品质经理该月工作重点是质量管理体系认证。现在，你也可以根据自己的月工作重点来制订一份月工作计划。

表3-4　我的月工作计划

序号	工作内容	阶段目标	目标达成时间				责任人
			第一周	第二周	第三周	第四周	

二、编写质量手册

质量手册一般由概述、正文和补充三部分构成。

（一）概述部分的编写

1.封面

质量手册是组织质量管理的纲领性文件，应纳入组织标准体系内，质量手册的封面应按组织管理标准的统一封面格式编制。一般应包括文件编号、手册名称、组织名称、发布及实施日期等。以下提供一个范例，仅供参考。

【范例04】 质量手册封面

质量手册

手册编号：MM—01

手册现行版本：A

首版生效日期：2012年1月1日

本版生效日期：2012年1月1日

发放编号：

编制______________ 日期______________

审核______________ 日期______________

批准______________ 日期______________

2.目录

由于质量手册篇幅较长，为了查阅方便，必须编写目录。目录应列出手册所含各章节的题目和页码。各章节及前言、附录等的编排应清楚、合理。以下提供一个目录范本供参考。

【范例05】质量手册目录

目录

3.批准页

批准页为质量手册的发布令，一般由组织总经理签字发布，其内容包括简要说明质量手册的重要性及各部门的实施要求，以及何年何月何日起实施。

【范例06】质量手册发布令

质量手册发布令

为确保公司产品和服务能持续满足顾客需求及期望，特制定本《质量手册》。

ISO 9001新版标准已于2009年3月1日颁布实施，新版（ISO 9001：2008）标准反映了当今世界上先进的质量管理思想和方法，对持续改进质量，达到顾客满意提出了更高的要求，也提供了更好的方法，是本公司质量管理体系制定的依据。为了更好地贯彻实施新版ISO 9001标准，进一步提高本公司质量管理水平，满足顾客需求，在公司管理层组织下，本公司组织专人拟订了反映2008版ISO 9001要求的《质量手册》，为了明确本手册及相关文件是根据2008版要求而制定，将所有质量管理体系文件版本号统一定为第A版。

本《质量手册》自2011年6月18日起生效，是各项质量管理活动的根本依据和准则，全体员工必须遵照执行。

×××有限公司

总经理：

2011年6月18日

4.目的与范围

在这一部分应标出手册的适用领域，包括关于质量管理体系要求内容的增加及剪裁情况，以及质量手册不适于哪些场合、不涉及什么内容等。这部分内容也可以放在前言中一并阐述。

【范例07】质量手册目的和范围

质量手册目的和范围

1.目的和范围

1.1 目的

本手册是依据ISO 9001：2008版《质量管理体系——要求》编制而成，规定了本公司质量管理体系的总要求，是公司建立、实施并保持质量管理体系，确保满足客户需求和期望，实现物业管理服务符合性的重要依据。

1.2 适用范围

本手册规定的质量管理体系要求覆盖了与公司质量有关的各职能部门和物业管理服务现场（管理处），适用于公司物业管理服务活动全过程的质量控制和质量管理。

本质量手册可证实公司有能力稳定地提供满足顾客要求和适用法律法规要求的物业管理服务，是内部、外部质量管理体系审核和评审的依据和证据。

公司主要业务是：高层楼住宅小区、社区物业等物业管理服务活动。

1.3 删减说明

根据物业管理服务活动的特点，完全按照顾客提出要求和行业法律法规实施运作，因此ISO 9001：2008版标准7.3设计开发部分予以删减，并能满足顾客和相关法律法规要求。

5.前言

前言内容主要有组织基本情况，如组织名称、地址、规模、通信方式等，另外还有组织发展概况，尤其是质量管理历史及在质量方面所获的荣誉，实施ISO 9000的动机、目的等。

6.质量手册的管理

说明质量手册由哪个部门负责编制，谁负责审批，更改、发放、保管、作废等如何控制。以下提供一个范本供参考。

【范例 08】质量手册控制程序

质量手册控制程序

1.职责

1.1 公司品质部组织负责质量手册的编写，管理者代表负责质量手册的审核、发布、实施、修订和控制。

1.2 公司总经理负责质量手册的批准。

2.发行版本

2.1 质量手册的版本状态分别在封面和每页页眉上给出，按英文字母A、B、C…顺序依次递增；当修改时，更新一次质量手册的版次按阿拉伯数字0、1、2、3…顺序递增。

2.2 质量手册发布满3年或同一章节的改次修改5次时，将重新发布手册，并更改手册的版本。

3.发放控制

3.1 公司发出的质量手册分为"受控"和"非受控"两种状态。

3.2 受控质量手册由品质部按《文件和资料控制程序》的规定进行发放和控制。

3.3 质量手册的有效正本由品质部负责保管。

4.手册的修改

4.1 当质量手册需要修改时，必须经公司总经理批准，并由品质部按规定程序办理。

4.2 每次手册的修改都必须在本手册"修改记录"中列明该次修改序号、修改章节及条款、修改原因或修改概要、手册修改的申请单编号、审核人、批准人及生效日期。

4.3 若手册修改后章节发生变化，则应在本手册"质量手册目录"中作相应修改。

5.定期审核

公司总经理在定期进行管理评审时，将对质量手册进行审核，确保质量手册充分正确地描述公司批准的质量管理体系。

6.手册持有人

手册持有人名单在《文件和资料控制程序》中按体系文件的发放进行管理。

7.术语和缩写

关于质量管理方面的术语，应采用ISO 9000：2008《质量管理体系基础和术语》中的定义，其他可能引起员工、顾客及使用者误解或难于理解的专门用语，应予以解释和定义。

缩写，是指对质量手册中反复出现而又较长的词汇，为了节省篇幅、使用方便而用其简称。如将“全面质量管理办公室”简记为“全质办”，将质量管理缩写成“QM”，“质量管理小组”缩写为“QC小组”等。

【范例09】 某质量手册中的术语部分

某质量手册中的术语部分

3.2 术语

3.2.1 品质方针：由组织的最高管理者正式发布的该组织总的质量宗旨和质量方向。

3.2.2 质量管理：确定品质政策、目标和职责并在质量管理体系中通过诸如质量控制、质量保证和质量改进使其实施的全部管理职能的所有活动。

3.2.3 质量策划：确定质量以及采用质量管理体系目标和要求的活动。

3.2.4 质量控制：为达到质量要求所采取的作业技术和活动。

3.2.5 质量管理体系：实施质量管理所需的组织结构、程序、过程和资源。

3.2.6 质量改进：为向本组织及其顾客提供更多的收益，在整个组织内采取的旨在提高活动过程的效益和效率的各种措施。

3.2.7 管理评审：由最高管理者就品质政策和目标，对质量管理体系的现状和适应性进行正式评价。

3.2.8 合同评审：合同签订前，为了确保质量要求规定的合理、明确并形成文件，且供应商能实现，由供应商所进行的系统的活动。

3.2.9 质量：反映实体满足明确和隐含需要的能力的特性总和。

3.2.10 缺陷：没有满足某个预期的使用要求或合理的期望，包括与安全有关的要求。

3.2.11 质量计划：针对特定的产品、项目合同规定专门的质量措施、资源和活动顺序的相关文件。

3.2.12 记录：为已完成的活动或达到的结果提供客观证据的文件。

3.2.13 可追溯性：根据记载的标志，追踪实体的历史、使用情况和所处场所的能力。

3.2.14 质量审核：确定质量活动和有关结果是否符合计划的安排，以及这些安排是否有效果地实施适合于达到预定目标的、有系统的、独立的检查。

3.2.15 预防措施：为了防止潜在的不合格缺陷或其他不希望的情况发生，消除其原因所采取的措施。

3.2.16 纠正措施：为了防止已出现的不合格缺陷或其他不希望的情况再次发生，消除其原因所采取的措施。

3.2.17 不合格的处理：为了解决不合格问题，处理现有的不合格实体而采取的措施。

3.2.18 特许、让步：对使用或放行不符合规定要求的产品的书面认可。

3.2.19 返修：对不合格产品所采取的措施，虽然不符合原规定要求，但能使其满足预期的使用要求。

3.2.20 返工：对不合格产品所采取的措施，使其满足规定的要求。

（二）正文部分的编写

正文部分是质量手册的核心，其中包括组织机构、质量职责及管理体系要求等部分。

1.组织机构

在这部分要明确本单位的机构设置，分条款地阐明影响到质量的各管理、执行和验证的职能部门的职责、权限以及隶属和工作关系。该部分一般可先画出组织总的组织结构图，再进一步画出质量管理组织结构图，然后分条款阐述与质量有关的主要部门的职责、职权等关系。

2.质量职能

该部分以职能分工表的形式，将各质量管理体系要求分配到各个部门，使各要求的质量保证得到落实。编写方法是将选定的质量管理体系要求进行分解，展开为一项项的具体质量活动，然后针对每一项质量活动，确定负责部门和配合部门，这样就可以将各个要求落实到各个部门，避免无人负责和相互推诿。

表3-5　质量管理体系职能展开图示例

部门 质量体系要求	总经理	管理者代表	人力资源部	生产部	品质部	市场部	研发部	PMC部
4.2.2 质量管理手册	☆	●	☆	☆	☆	☆	☆	☆
4.2.3 文件控制	☆	☆	☆	☆	●	☆	☆	☆
4.2.4 记录控制	☆	☆	☆	☆	●	☆	☆	☆
5.1 管理承诺	●	☆	☆	☆	☆	☆	☆	☆
5.2 以顾客为关注焦点	●	☆	☆	☆	☆	☆	☆	☆
5.3 质量方针	●	☆	☆	☆	☆	☆	☆	☆
5.4 策划	●	☆	☆	☆	☆	☆	☆	☆
5.4.1 质量目标	●	☆	☆	☆	☆	☆	☆	☆
5.4.2 质量管理体系策划	●	☆	☆	☆	☆	☆	☆	☆
5.5.1 职责和权限	●	☆	☆	☆	☆	☆	☆	☆
5.5.2 管理者代表	●	☆	☆	☆	☆	☆	☆	☆
5.5.3 内部沟通	☆	●	☆	☆	☆	☆	☆	☆
5.6 管理评审	●	☆	☆	☆	☆	☆	☆	☆
6.1 资源的提供	●	☆	☆	☆	☆	☆	☆	☆
6.2 人力资源	☆	☆	●	☆	☆	☆	☆	☆
6.3 基础设施	☆	☆	☆	●	☆	☆	☆	☆

续表

质量体系要求＼部门	总经理	管理者代表	人力资源部	生产部	品质部	市场部	研发部	PMC部
6.4 工作环境	☆	☆	☆	●	☆	☆	☆	☆
7.1 产品实现的策划	☆	☆	☆	●	☆	☆	●	●
7.2 与顾客有关的过程	☆	☆	☆	☆	☆	●	☆	☆
7.3 设计与开发	☆	☆	☆	☆	☆	☆	●	☆
7.4.1 采购过程	☆	☆	☆	☆	☆	☆	☆	●
7.4.2 采购信息	☆	☆	☆	☆	☆	☆	☆	●
7.4.3 采购产品的验证	☆	☆	☆	☆	●	☆	☆	●
7.5.1 生产和服务提供的控制	☆	☆	☆	●	☆	☆	☆	●
7.5.2 生产和服务提供过程的确认	☆	☆	☆	●	☆	☆	●	☆
7.5.3 标志和可追溯性	☆	☆	☆	☆	●	☆	☆	☆
7.5.4 顾客财产	☆	☆	☆	●	☆	●	☆	☆
7.5.5 产品防护	☆	☆	☆	☆	☆	☆	☆	●
7.6 监视和测量装置的控制	☆	☆	☆	☆	●	☆	☆	☆
8.2.1 顾客满意	☆	☆	☆	☆	☆	●	☆	☆
8.2.2 内部审核	☆	●	☆	☆	☆	☆	☆	☆
8.2.3 过程的监视和测量	☆	☆	☆	●	☆	☆	☆	☆
8.2.4 产品的监视和测量	☆	☆	☆	☆	●	☆	☆	☆
8.3 不合格品控制	☆	☆	☆	☆	●	☆	☆	☆
8.4 数据分析	☆	☆	☆	☆	●	☆	☆	●
8.5.1 持续改进	●	●	●	●	●	●	●	●
8.5.2 纠正措施	☆	☆	☆	☆	●	☆	☆	☆
8.5.3 预防措施	☆	☆	☆	☆	●	☆	☆	☆

说明： ●表示主要负责部门 ☆表示次要负责部门

3.质量管理体系要求

这是正文中的主要部分。要对所依据标准的各条要求，就如何进行管理和控制一一予以阐述，手册中各项内容的先后顺序尽可能与标准内容顺序一致，便于对照。编制手册时必须注意覆盖标准要求，不能随意取舍又不加任何说明。

（三）补充部分的编写

补充部分由附录和附加说明构成。

1.附录

附录部分在于补充说明正文的内容。如组织结构图、质量职能展开表以及质量手册涉及的其他图表等，均可放在附录中。

2.附加说明

附加说明一般包括质量手册的起草单位、起草人等需要说明的事项。

三、编写程序文件

（一）确定程序文件目录

质量管理体系要求的三级展开基本上就是质量管理体系运行必须开展的全部质量活动和工作。为了使这些质量活动和工作处于受控状态，一般来说，有多少项质量活动就必须编制相应数量的程序文件。对于性质相同、工作相近的程序也可以把几个质量活动串在一起，编制一个程序文件。

一个单位需要编制多少个程序文件应从本组织的实际出发，以质量管理体系要求三级展开表为基础，经过认真分析后提出。确定程序文件目录一般由质量管理部门组织其他相关部门讨论，由各个部门依据ISO 9000标准，按照质量管理体系的要求提出程序文件目录，然后由质量管理部门协调并统一确定。表3-6列举的程序文件一般是企业需要制定的。

表3-6　程序文件清单

序号	文件编号	程序名称	ISO 9001：2008标准条款对照	编写	会审	批准	文件持有部门
1	QP-001	文件控制程序	4.2.3				
2	QP-002	记录控制程序	4.2.4				

续表

序号	文件编号	程序名称	ISO 9001：2008标准条款对照	编写	会审	批准	文件持有部门
3	QP-003	管理评审控制程序	5.6				
4	QP-004	人力资源控制程序	6.2				
5	QP-005	机器设备控制程序	6.3				
6	QP-006	合同评审控制程序	7.2				
7	QP-007	样品制作承认控制程序	7.2				
8	QP-008	信息沟通控制程序	5.5.3 7.2.3				
9	QP-009	设计控制程序	7.3				
10	QP-010	采购控制程序	7.4				
11	QP-011	供方控制程序	7.4				
12	QP-012	生产计划控制程序	7.5				
13	QP-013	生产过程控制程序	7.5				
14	QP-014	标志和可追溯性控制程序	7.5.3				
15	QP-015	顾客财产控制程序	7.5.4				
16	QP-016	产品防护控制程序	7.5.5				
17	QP-017	监视和测量装置控制程序	7.6				
18	QP-018	顾客满意度控制程序	8.2.1				
19	QP-019	顾客投诉控制程序	8.2.1				
20	QP-020	内部质量审核控制程序	8.2.2				
21	QP-021	产品的监视和测量控制程序	8.2.4				
22	QP-022	不合格品控制程序	8.3				
23	QP-023	数据分析控制程序	8.4				
24	QP-024	纠正预防措施控制程序	8.5				

在具体编写时，组织可根据自己的情况，确定程序文件数量、列出程序文件清单，最好是将程序文件的编写责任部门和支持部门列举出来。如表3-6是协调质量手册与程序文件使之保持一致的重要环节，也是协调各部门之间关系的重要环节，因此一定要做好此项工作。

（二）确定程序文件格式

程序文件是重要的内部受控文件，因此组织内部要以规范化的格式来进行程序文件编写。程序文件格式通常由如下三个部分组成：

1.概述部分

（1）名称：程序文件名称。

（2）编号：按文件编码系统统一编号。

（3）页码：共几页第几页。

（4）版次：标出受控文件版次。

（5）日期：注明发布、生效或修改日期。

（6）审批：编写、审核、批准。

2.正文部分

正文部分主要包括目的、范围、职责、工作程序、相关文件及报告和记录。要明确规定本质量活动所产生的报告和记录，以及应该采用的表格和记录格式。

3.附录或附加说明

一般对在正文中提到的，而在正文中又没有必要或不好加进去的内容，以附录或说明的方式列在后面。如相关标准或相关文件的摘要等。

（三）编写文件及审查初稿

编制质量管理体系要求三级展开表，确定质量活动及程序文件目录，确定程序文件的格式等，这些工作是编写程序文件应进行的前期基础性的工作，在完成以上工作后就进入了正式编写阶段。

1.配备编写人员

程序文件编写应组织各部门进行。各部门要选熟悉本部门技术和业务，有一定文字水平的人员作为部门的代表进行程序文件的编写。编写文件多的部门应适当地进行分工，把程序文件编写交给最熟悉工作过程的人。

工作提示

对在编写过程中出现的部门内不协调的问题，应在部门内部讨论解决；对在编写过程出现的部门之间的需协调的问题应由管理者代表或质量管理部门牵头，协商解决。

2.安排编写进度

在人员落实的情况下，要安排好编写进度，各个部门的文件编写应在规定的时间内完成。因为程序文件编写不是一两个部门的事情，而是组织内部多个部门的工作，各部门在编写完本部门的程序文件以后，还需要由品质部来综合协调。所以，如果各个部门之间的工作完成时间差距很大，就会影响整个工作进度。

3.审查初稿

审查初稿由质量管理部门进行。审查主要侧重于以下三个方面：

(1) 质量管理体系要求三级展开是否充分地在程序文件中得到体现。

(2) 对于涉及各个部门的质量活动，是否规定好部门之间的接口 ISO 9000 质量管理标准中引入了系统论的观点，按此标准建立质量管理体系也应该充分考虑其质量管理体系的系统性。

(3) 审核程序文件是否充分地规定了所应实施的质量活动。

（四）试运行及最终定稿

1.试运行

程序文件初稿编写结束以后，就进入试运行阶段。试运行可以分阶段进行，也可以一次性地全部进入试运行。

工作提示

在试运行时，主要应注意找出两方面的问题。一是在试运行过程中，程序文件中规定的各部门之间的接口是否合理，是否能够协调运转。二是程序文件中的规定是否符合具体情况。

2.最终定稿

通过试运行，对试运行阶段出现的各种问题进行分析，并修订程序文件中不符合实际的部分，进一步完善文件体系使之符合标准的要求。这一工作一般由品质部与其他相关部门配合进行文件修改，由部门负责人审定，管理者代表批准发布正式执行。

我认为在编写程序文件时，要注意下列事项：

1.________________

2.________________

3.________________

4.________________

……

四、应对认证机构监督性检查

质量管理体系认证注册后的有效期一般为三年。在这期间内，认证审核机构根据认证管理机构的规定，对受审核方质量管理体系进行监督，以证实是否继续符合要求。认证机构派监督员到组织现场检查的频次和范围，由认证审核机构决定，一般每年1～2次。

品质经理在应对认证机构的监督性检查时应明确其目的和内容、方式、方法，并据此提供相应的文件和资料，予以充分的配合。

（一）监督审核需要了解的内容

（1）每次监督审核认证机构均派出正式审核组按初次现场审核的程序进行。

（2）监督审核一般采用抽样的方式进行。如果获证组织分布于几个不同的场所，每次监督审核可针对不同的现场进行抽样，但应确保在3年中覆盖全部现场，其中每年对其总部的审核至少一次。

（3）每次监督审核应涉及质量管理体系要素，3年内的不同监督审核对各个要素审查的深度和广度可各有侧重，特别应注意对初次现场审核或上次监督审核遗留问题的检查。

(4) 较之初次审核，监督审核的要求不仅不会放松，反而会适度从严，如发现与上次审核相同的问题，应考虑不符合性质的升级。

(5) 监督审核之后，审核组应为认证评定提供审核记录及报告，以便对受审核方质量管理体系作出保持认证证书、认证暂停或认证撤销的决定。

（二）监督审核方案

每次监督审核均应特别关注以下内容：

(1) 质量管理体系在实现组织的质量方针、目标方面的持续有效性。

(2) 重要质量因素的控制。

(3) 内审及内审结论的跟踪。

(4) 组织有关质量法律、法规符合性的定期评价工作是否有效，是否及时向认证机构通报了违法行为。

(5) 为实现整体质量绩效的改进，依据组织的质量方针对质量管理体系加以不断改进而采取的方案措施、计划等的进展情况。

(6) 与相关方的信息交流，包括有关接收、记录及反映程序以及执行情况。

(7) 上次审核中发现的不符合所采取纠正措施的现场验证。

(8) 体系文件的修改与调整。

(9) 体系范围的变更。

(10) 认证证书、标志和报告的使用和宣传情况。

(11) 选定的其他审核内容。

（三）监督审核方式

监督审核同认证审核一样，通常采用审阅文件、查阅记录、现场观察、交谈及会谈的方式。与负责质量管理体系的品质经理代表交谈是监督审核的重要内容之一，因为其在质量管理体系的建立、实施、维护保持中起着核心的作用，这种关键职能的作用对体系的持续良好运行至关重要。

审核组还将根据获证组织对其质量管理体系所作的重大更改（或发生了可能影响其认证资格的其他变化）或其具体的质量问题及时调整其监督方案，以保证监督方案的合理性。

（四）监督审核结论

监督审核结束以后，审核组一般会作出以下主要结论：

（1）质量管理体系是否得到正确的实施和保持。

（2）质量管理体系是否确保持续适用性和有效性。

（3）不符合项是否破坏体系的完整性、有效性，是否得到纠正。

（4）是否推荐保持认证证书或暂停、撤销认证证书。

（5）对下一次监督审核应关注的要点及需要重点抽查的要素提出线索和建议。

品质经理要了解监督审核的方式、方法、程序、内容，不断地完善质量管理体系，在正式接受检查时，应提供相关的文件、资料、记录，并动员全员做好相应的准备工作。

工作提示

在应对认证机构检查时，一定要在平常就不断完善质量管理体系的运行，在正式检查时，不能抱着“应付”的态度，而应抱着对企业、对客户负责的态度。

我认为在应对认证机构监督性检查时，需要做好以下准备工作：

1.____________________

2.____________________

3.____________________

4.____________________

……

五、量具管理

量具即产品品质测量的工具。品质管理的核心是运用品质工具对产品质量进行检测，从而把不合格品控制在出货之前。所以说，量具的管理非常重要。对于品质经理来说，必须把握正确的量具管理方法；否则，量具失效，品质管理也只不过是纸上谈兵。

（一）量具的使用

在使用量具时，需要做好如下工作：

(1) 量具在使用前，由品质部编制所有量具的使用操作规程，并发放到使用部门。

(2) 保证设计与量具配套使用工装、夹具并验证其正确性。

(3) 对量具的使用部门及人员进行技术指导、培训及上岗证考核。

(4) 各量具使用者应严格按该设备操作规程工作，发现问题及时报品质部。

(5) 个别重要的量具按操作规程规定，由使用者做好设备使用记录。

(6) 凡新购置或制作的量具经品质部验收合格后，由品质部建立并保存每台“量具历史档案”，内容包括：量具名称、型号／规格、生产公司编号及本企业编号；购进日期及验收记录；使用部门及使用记录；检定、校准、维修记录及检定合格证书。

表3-7　量具历史档案

量具名称		型号/规格		购进日期	
生产企业编号		企业编号		验收记录	
使用台账			检定、校准、维修记录		
序号	试用者	试用时间	序号	操作单位	操作时间

（二）量具的维修

维修量具时要注意以下两个内容：

（1）量具由品质部负责维修，送国家法定计量部门维修、检定，并取回检定证书及合格证。

（2）量具的保养工作由使用者按该设备操作规程进行，并做好记录。

（三）量具的控制

（1）在生产过程中，使用者发现量具偏离标准状态，应及时报告品质部。

（2）品质部负责对偏离校准状态的量具送具有维修能力的维修站维修。

（3）品质部把维修完的量具送国家指定的计量部门检定，并做好检定记录。

（4）品质部对量具偏离校准状态的设备所检的产品进行重新检验，直到校准合格为止。

（5）品质部根据检验测量和试验设备的特点制定设备使用规程，以确保在使用、贮存和防护期间，保持其完好。

（6）专职计量员必须持有国家计量管理部门颁发的计量技术等级合格证和操作证。

以下是某企业量具的管理标准明细表，仅供参考。

表3-8　企业量具的管理标准明细表

序号	设备名称	可量测范围	容许误差	校正频率	校正使用标准器	内校	外校	环境要求
1	块规组	10～291.8mm	±0.002mm	1次/月			✓	依外校单位规定
2	千分尺	0～25 mm 25～50mm 50～75mm	±0.02mm	1次/月	块规组	✓		室温
3	校正用压力表	0～0.4mpa 0～1.0mpa 0～4.0mpa	±0.0016mpa ±0.0040mpa ±0.016mpa	1次/月			✓	依外校单位规定
4	万能角度尺	0～360°	±1°	3次/月			✓	依外校单位规定

六、来料品质问题投诉处理

来料品质问题投诉是指供应商在物料供应品质上有违反或未达到双方达成的采购品质协议或其他协议，企业对其供应商采取一种通知与处理的措施，也是一种相对轻微的措施，严厉的措施可能就是索赔。

（一）投诉的提出

来料品质问题投诉通常是由来料检验部门提出（填写“品质投诉单”），可由来料检验部发出，也可通过采购部发出，但其格式最好统一规范。

表3-9　品质投诉单

<table>
<tr><td>供应商代码</td><td colspan="2"></td><td>供应商简称</td><td colspan="2"></td></tr>
<tr><td>联系部门</td><td colspan="2"></td><td>联系人</td><td colspan="2"></td></tr>
<tr><td>电话</td><td colspan="2"></td><td>传真</td><td colspan="2"></td></tr>
<tr><td>e-mail</td><td colspan="2"></td><td>日期</td><td colspan="2"></td></tr>
<tr><td>投诉主题</td><td colspan="3"></td><td>性质</td><td>□ 普通　□ 紧急</td></tr>
<tr><td colspan="6">投诉内容：
贵公司____年____月____日送货的____（料号），型号为______的______产品，有
____
____
的问题，造成我公司的______________________________
等状况，请于____年____月____日前处理好此问题，并以此为戒。
另根据我公司与贵公司的________协议，采取________的处理，如有异议请来电！
另附××
××
备注：

××公司采购部　××发
年　月　日</td></tr>
</table>

（二）品质投诉等级划分与处理

为了加强企业与供应商之间的合作性，可以将投诉划分等级。一般可将投诉等级分为普通级、紧急级、重大级，并分别给出相应的严重程度权重，一般分别为1、2、3，这为供应商绩效考核提供了基本资料。

企业还需要在一定的时期内对不同级别的投诉发生次数和重复次数采取一定的措施，一般可用3个月或6个月，甚至1年的时间作为一个时间段采取相应措施。

表3-10 品质投诉等级划分与处理措施

等级		处理措施
普通级	单项发生1～2次	（1）同一项目投诉发生一次，限时改善，并严重警告 （2）同一项目投诉发生两次以上，降低供应商级别，减少订单，限时改善，而后再评估
	单项发生3～5次	（1）同一项目投诉发生一次，降低供应级别，减少订单，限时改善，而后再评估 （2）同一项目投诉发生两次以上，暂时取消供应商资格，重新评估后再决定
	单项发生5次以上	暂时取消供应商资格
紧急级	单项发生1次	降低供应商级别，减少订单，限时改善，而后再评估
	单项发生2次	撤销已下订单，停止下新订单，并评估
重大级		撤销已下订单，停止下新订单，并评估

（三）供应商回复

企业发出品质投诉单给其供应商，供应商在正常状况下也会有回复。供应商回复的内容要登记并记录保存下来，同时为了数据管理的方便，最好规范好登记格式。内容必须包括品质投诉单号、原要求解决日期、实际解决日期、最后判定等项目。

表3-11 供应商回复统计

供应商名称	品质投诉单号	原要求解决日期	实际解决日期	最后判定

> 对于来料品质问题投诉，我经常采用以下方法处理：
>
> 1.____
>
> 2.____
>
> 3.____
>
> 4.____
>
> ……

七、品管人员任用

（一）初选

品质经理根据部门人员编制定额、工作负荷等因素确认本部门需增补的人员需求，包括岗位及人数，填写“人力需求申请表”。

表3-12　人力需求申请表

<table>
<tr><td>需求部门</td><td colspan="2"></td><td>需求人数（合计）</td><td>人</td></tr>
<tr><td>需求职位</td><td colspan="2"></td><td>需求人数</td><td>人</td></tr>
<tr><td colspan="5">需求原因：</td></tr>
<tr><td colspan="3">申请时间：　　年　月　日</td><td colspan="2">希望到岗时间：　　年　月　日</td></tr>
<tr><td>应具备资格要求</td><td colspan="4">职责简述：

任职资格：　　　　年龄：
性别：男□　女□　不限□
教育背景：研究生□　本科□　大专□　高中□　中专□　不限□
工作经历经验：1年以下□　1～3年□　3～5年□　5年以上□
专业知识、素质及技能：
资质或职称：
其他：</td></tr>
</table>

续表

建议招聘方式：
用人部门经理签字：
人力资源部经理意见/签字：
总经理意见/签字：

人力资源部根据品质部的申请予以审核后，以内部或外部招聘形式公布招聘条件。如果是本公司内招则初选程序为：

(1) 本公司员工符合上述条件者，可由本人自荐或其所属部门推荐，向人力资源部索取“内招推荐表”。

(2) 推荐（或自荐）者填上应聘人姓名、性别、工号、所属部门、出生年月、进厂工种。

(3) 应聘人所属主管签署对该员工的表现评语。

(4) 人力资源部填写应聘人最近6个月的考绩与奖惩状况。

(5) 人力资源部将符合条件的应聘者的推荐表汇总至品质部后，由品质部组织笔试与面试。

（二）笔试与面试

1.笔试

对应聘者的笔试，一般由人力资源部与品质部共同命题，主要考核目的在于了解应聘者的基本知识与学历是否相称，理解能力，公司产品知识，质量观念、意识，书写与表达能力，拟任岗位应有的其他知识。以下是某公司品管员笔试题，仅供参考。

【范例10】 品管员笔试题

品管员笔试题

笔试注意事项：

1.请在试卷左边的标封处填写您的姓名、应聘岗位。

2.保持考场秩序，遵守考试规则。

3.请仔细阅读题目，按要求答题，保持卷面整洁，不要在标封区内填写无关内容。

4.本试卷包括安全知识、品管基础知识两部分内容，总分100分。

5.考试时间为60分钟。

题号	一	二	三	总分
分数	75	20	25	120
得分				

评卷人（日期）： 审核人（日期）：

一、选择题（请将正确答案的字母代号填在题后的括号中，每题3分，共75分，多选、错选不得分。）

1.三线电缆中的红线代表（ ）。

A.零线 B.火线 C.地线

2.电器着火时下列不能用的灭火方法是哪种?（ ）

A.用四氯化碳或用灭火器灭火 B.用沙土灭火 C.用水灭火

3.下列哪种灭火器适于扑灭电气火灾?（ ）

A.二氧化碳灭火器 B.干粉灭火器 C.泡沫灭火器

4.金属梯子不适于以下什么工作场所?（ ）

A.有触电机会的工作场所 B.坑穴或密闭场所 C.高空作业

5.工厂内各固定电线插座损坏时，将会引起（ ）。

A.工作不方便 B.不美观 C.触电伤害

6.民用照明电路电压是以下哪种?（ ）

A.直流电压220伏 B.交流电压280伏 C.交流电压220伏

7.任何电气设备在未验明无电之前，一律怎样认为?（　　）

A.无电　　B.也许有电　　C.有电

8.使用的电气设备按有关安全规程，其外壳应有什么防护措施?（　　）

A.无电　　B.保护性接零或接地　　C.防锈漆

9.在进行电子底板贴焊、剪脚等工序时应（　　）。

A.戴上防护眼镜　　B.戴上护耳器　　C.戴上安全帽

10.我国安全生产的方针是（　　）。

A.预防第一，安全为主　B.安全第一，预防为主　C.安全第一，预防第二

11.正确的不合格品定义是（　　）。

A.经核查确认质量特性不符合规定要求的产品

B.经检查需确认质量特性是否符合规定要求的产品

C.经检验确认质量特性不符合规定要求的产品

D.经检验尚未确认质量特性的产品

12.如何对待不合格品返工返修后检验的问题，正确的做法是（　　）。

A.不合格品返工后仍不合格，所以不需重新进行检验

B.不合格品返工后成了合格品，所以不需要再进行检验

C.返修后还是不合格品，所以不需要重新进行检验

D.返工后不管是否合格都需要重新进行检验

13.质量检验的主要功能有（　　）。

A.降低成本，提高性价比　　B.鉴别质量是否符合规定要求

C.严把不合格品不放行关　　D.根据质量状况分析提出改进建议

14.不合格品处理有（　　）几种形式。

A.报废　　B.检验　　C.纠正　　D.让步

15.不合格品隔离的主要内容有（　　）。

A.把不合格品码放整齐　　B.对不合格品做出标示

C.设立专职人员看守　　D.设立隔离区或隔离箱

16.美国质量管理专家朱兰博士提出的“质量管理三部曲”包括质量策划、质量控制和（　　）。

A.质量保证　　B.质量检验　　C.质量改进　　D.质量监督

17.如果按阶段划分，现代质量管理大致经历了（　　）阶段。

A.质量检验　B.统计质量控制　C.质量保证　D.全面质量管理

18.同一个配套件，进厂检验时合格，出厂检查时却发现不合格。这有可能是因为（　　）。

A.环境或其他意外因素的影响导致了产品的不合格　B.检验人员责任心差

C.该配套件与其他配件之间的不协调　D.该配套件设计有缺陷

19.表征测量仪器的计量特性随时间不变的能力的参数是（　　）。

A.分辨力　B.灵敏度　C.稳定性　D.漂移

20.六西格玛质量的理解有两方面的含义，它们是（　　）。

A.质量特性必须满足顾客的需求　B.供求关系必须均衡

C.避免缺陷　D.产品成本必须达到最低水平

E.产品的翻新速度必须提高

21.质量管理体系要求所有从事影响产品质量工作的人员应有能力胜任所在岗位的工作，这种能力是基于适当的（　　）。

A.年龄　B.教育　C.培训　D.技能　E.经验

22.质量检验的主要功能有（　　）。

A.鉴别功能　B."把关"功能　C.预防功能

D.报告功能　E.验证功能

23.检测记录的基本要求有（　　）。

A.检测记录应按照统一格式编写，内容要根据不同的检测对象不同的要求，合理填写。

B.检测记录应做到：如实、准确、完整、清晰。记录的项目应完整，空白项应画上斜线。

C.检测记录发生记错数字时，应及时更正，更改方法应采取"杠改"的办法。

D.检测记录应由检测人和校核人本人签名，以示对记录负责。

24.按照1～2位有效位数，对测量不确定度的数值进行修约时，一般要将最末位后面的数（　　）。

A.四舍五入　B.都进位而不是舍去

C.化整取零　D.都舍去而不是进位

25.不合格分级的作用有（　　）。

A.可以明确检验的重点　　B.可以降低检验的成本

C.有利于选择更好的验收抽样方案

D.有利于发挥质量综合管理和质量检验职能的有效性

E.便于综合评价产品质量

二、简答题（共20分，要求字迹工整）

1.如何正确理解“品质是做出来的而不是检出来的”？（6分）

2.你认为通过什么途径来提高质量意识更有效？（7分）

3.向客户简要介绍XK850-F立式加工中心的优点。（7分）

三、分析论述题（共25分，要求字迹工整）

1.顾客经常反映某公司生产的台式电风扇有时不能自动摇头，请回答：（15分）

（1）其质量特性属____特性。A. 关键　B. 次要　C. 重要（3分）

（2）其不合格严重性分级分 A、B、C、D 四级时，属____级。（3分）

（3）公司进行质量改进，可采用的组织形式有____。（4分）

A. 质量委员会　　B. 行政班组　　C.QC 小组

（4）通过质量改进，解决了电扇有时不能摇头的问题，公司决定使质量改进制度化，为此需做的工作主要有____。（5分）

A.检查质量改进成效　　B.举行质量改进报告会

C.把质量改进制度和效果列入管理评审内容

D.把质量改进成效与公司技术、工资、奖励挂钩

2.在某次质量检验过程中，生产人员对质量检验工作人员说：不要检得太严，你可以把发现的问题用口头形式代替问题记录。这样一来我有个好交代，而你又控制好了质量，一举两得。碰到这种情况，作为质检员的你会怎么做？请说说你的看法？（10分）

2.面试

笔试合格者，一般由品质部经理或相关管理人员面试，面试的目的在于了解应聘者的质量观念、对出任品管人员的动机与认知、动手能力、细心、道德品质、拟

任岗位应有的其他技能与品德。

（三）试用与任用

1.录用

(1) 对笔试、面试合格者，由品质部提出录用建议。

(2) 经应聘人所属主管及总经理核准，由人力资源部公布被录用者调至品质部试用的“人事异动令”，外部招聘者则发出“录用通知书”。

(3) 被录用人在质管岗位应有3个月左右的试用期。

2.入职培训

(1) 试用品管人员应由品质部组织对其进行一系列的专业培训，培训后考核合格者，发给品管人员上岗证后，方可正式成为品管人员。

(2) 培训内容一般包括质量意识与观念，公司各种质量管理文件、规范，产品技术、质量知识，国际、国家标准，测量、试验仪器使用，各种质管应用手法和表单的使用，产品检测方法，品管人员应具备的其他知识。

3.试用

(1) 未取得上岗证之前，试用品管人员应参与实际工作试用。

(2) 试用品管人员无上岗证，不可单独从事检验工作，须由持有上岗证的品管人员以师带徒的方式指导其工作。

(3) 试用期间，品质部各级管理人员应经常检查试用人员的工作状况，并加以辅导。

(4) 试用期间的考核、奖惩等管理一般由品质部进行。

我认为作为一名品管员，必须具备的基本素质包括：

1.______________________________

2.______________________________

3.______________________________

4.______________________________

……

4.任用

(1) 试用表现良好，且如期取得质管上岗证的人员，由品质部提报、人力资源部公布，予以正式任用为品管人员。

(2) 试用表现良好，但未能如期取得质管上岗证的人员，经品质部建议，可适当延长试用期，延长期内考核通过，获得上岗证者，可正式任用为品管人员。

(3) 试用表现不佳，或未能取得上岗证的人员，经品质部提议，以试用不合格为由退回其原属单位。

八、品管人员培训

培训是提高品管人员的工作水平，做好质量工作的根本措施。加强培训是品质部的当务之急，也是一项需要长期坚持的工作。

（一）培训内容

1.技术知识

根据员工所从事的工作来进行，例如，关于产品的技术知识、关于设备的技术知识和某些通用的技术知识（如原料、材料、标准件标准等）。

2.工作技能

根据员工所从事的工作，对其工作技能进行培训，例如，操作技能、管理技能、沟通技巧等。原来人们所理解的技能，往往只局限于操作技能。事实上，对相当多的员工来说，管理技能、沟通技巧可能更重要。

3.质量意识

质量意识包括两个方面：一是满足顾客和其他相关方需求和期望的重要性，二是未能满足要求将造成的后果。通过这方面内容的培训，使员工牢固树立“质量第一”的思想，从而为质量管理体系的建立和运行奠定思想基础。

4.管理知识

根据员工所从事的工作来安排具体的管理知识内容，并且全体员工都应接受质量管理知识培训。

（二）实施培训

品管员培训可以是部门内部组织的，也可以是人力资源部负责策划的。当然，无论哪种形式的培训，都需要所有员工的积极参与。

1.制订培训计划

培训计划是根据企业对当期和预期的人员能力的需求与人员的现有能力的比较分析的结果来制订的。培训计划可以分为三种：中长期培训计划、年度培训计划和具体的培训计划。培训计划可根据不同情况发放。一般来说，具体的培训计划最好发放到参加培训的员工手中。以下是某企业品质部培训计划表，仅供参考。

表3-13　培训计划时间

<table>
<tr><th>序号</th><th>培训内容</th><th>培训时间</th><th>课时</th><th colspan="2">培训对象</th></tr>
<tr><td>1</td><td>全员安全意识教育</td><td>6月30日</td><td rowspan="3">2</td><td rowspan="3">品质经理</td><td rowspan="3">QA/QC所有人员</td></tr>
<tr><td>2</td><td>全员品质意识教育</td><td>6月30日</td></tr>
<tr><td>3</td><td>全员静电防护教育</td><td>6月30日</td></tr>
<tr><td>4</td><td>全员5S教育</td><td>6月30日</td><td>2</td><td rowspan="2">QA工程师</td><td rowspan="2">QA/QC所有人员</td></tr>
<tr><td>5</td><td>移动电话品质接收标准</td><td>6月30日</td><td>2</td></tr>
<tr><td>6</td><td>生产工艺标准</td><td>7月25日</td><td>2</td><td>认证工程师</td><td>QA/QC所有人员</td></tr>
<tr><td>7</td><td>CPK培训</td><td>7月25日</td><td>2</td><td rowspan="2">品质经理</td><td rowspan="2">品质部组长以上人员</td></tr>
<tr><td>8</td><td>FMEA培训</td><td>7月25日</td><td>2</td></tr>
</table>

2.按计划进行培训

培训形式可以多种多样，包括办班上课、以会代训、跟班实践、师傅授徒、外出参观、自学互帮、阅读下发资料、教材等。

当然，办班上课是最重要的培训形式。由于员工可以暂时离开工作岗位，专心致志地听课学习，因而办班上课往往可以取得较好的效果。

3.测评培训的有效性

有的企业的培训效果不太好，其原因就在于未能及时测量和评价培训的有效性，使培训本身得不到改进，最终使培训流于形式。

一些超前性的培训，要经过若干时间后才能显现出其效果来。事实上，一个人能力的提高，固然离不开培训，更与人的素质、受教育程度、实践经验和主观能动性有关。所以在对培训内容、方式进行评价时也应考虑这一点。

工作提示

对培训的测量和评价结果应进行分析，寻找改进的机会，制定改进的措施，并将其纳入下一期的培训计划之中。

4.保存适当的记录

员工个人情况的记录包括的范围涉及了四个方面：受教育程度、培训、技能和经验。企业应当建立相应的人事档案，对每个员工这四个方面的情况予以记录，相关的证件（如毕业证书、任职资格证书等）的复印件应加以保存。企业的培训计划、培训记录、招聘计划、招聘记录等也应加以保存。

对品管人员培训，我主要采用以下方式：

1.________________________________

2.________________________________

3.________________________________

4.________________________________

……

九、对下属进行绩效考核

品质经理要对本部门所有员工进行工作绩效评估。每个员工都有权利知道管理人员对他（她）的期望，而且每个员工履行职责的情况、任务完成情况都必须接受评估考核。品质经理每月都要对下属进行绩效考核。

人力资源部往往会提醒品质经理何时进行工作绩效考核。他们将抽出员工最近

工作提示

工作绩效评估是经理对员工进行的个人评估。经理可征求品质主管或组长的意见，但是真正的评估结果应该由部门经理作出。

的工作情况记录表并送到品质部。根据工作绩效评估程序的要求，将评估结果送到人力资源部（通常在1周之内）。

绩效考核一般在月考核周期结束的下一月的1日启动，5日前完成考核，如遇节假顺延两个工作日，并以合理方式公布绩效考核结果。

品质经理要同人力资源部一起制订本部门员工绩效考核方案，负责对绩效考核的实施过程的监督、呈报，负责起草、奖惩申请提出、考核分数统计与通报的提出。以下是某企业品质部绩效考核中的考核细节，仅供参考。

表3-14　处罚细节

序号	考核细则内容说明	考核标准
1	迟到、早退（包括会议迟到）	−2分
2	请假未按照要求（未提前提出者、无特殊情况电话请假者）	−5分
3	旷工（除行政处分外）	−10分
4	不服从管理（除行政处分外）	−10分
5	工作态度消极、不积极（对工作避重就轻者）	−2分
6	工作时间做与工作无关的事情（玩手机、看报纸、聊天、吃零食等）	−2分
7	对待错误不主动承认和改善（除行政处分外）	−2分
8	未按照要求进行首件、巡检、抽检	−10分
9	样品、图纸等资料遗失	−5分
10	首件失误造成批量不良（除行政处分外）	−15分
11	无正当理由首件未在0.5h内完成或其他检验工作未及时完成	−2分
12	检验未按照要求填写检验记录或检验记录不真实者（除行政处分外）	−2分

续表

序号	考核细则内容说明	考核标准
13	未依据样品、图纸、工艺文件、检验标准等要求进行检验	−3
14	检验报表未及时上交者或未按照要求保管	−2分
15	现场产品未进行状态标示或标示错误	−2分
16	发现重大异常未按照要求开具书面“异常单”上报，私自隐瞒事实	−15分
17	客户抱怨,但未造成退货	−3分
18	客户抱怨且造成退货	−15分
19	上道工序投诉检验失误经确认不良属实（态度不好加重处罚）	−3分
20	出货资料未备齐全引起顾客抱怨	−2分
21	不合格品未跟催及时处理、标示隔离不清	−5分
22	由于人为操作引起检测仪器、制具损坏或遗失（除赔偿损失外）	−2分
23	巡检失误造成批量不良（除行政处分外）	−5分
24	不爱护团体，与部门或相关同事协调不顺畅，与其他人员配合不佳	−2分
25	工作无恒心，精神不振，态度傲慢，不满现实	−3分
26	敷衍了事，无责任心，做事粗心大意，日常工作经常出错	−2分
27	不求上进，对工作要求茫然无知，对日常工作不能正常完成	−2分
28	上级交办事情不能及时完成到位	−5分
29	工作岗位不整洁、脏、乱、差	−2分
30	其他（视实际情况论处）	

表3-15　奖励细节

序号	考核细则内容说明	考核标准
1	主动提出他人工作中的失误或不足，避免不良发生	+3分
2	爱护团体，工作态度积极，经常帮助其他同事或新进员工，工作成绩优秀	+3分
3	及时发现重大品质问题或隐患	+5分
4	自发地向上司提出行之有效的改善建议，经实施确认能降低公司生产与品质成本，提高品质状况与生产效率	+5分
5	能积极主动教导员工操作，对生产中产生的不良，能主动采取措施进行修整，以做到减少报废损失，提高生产效率	+3分
6	当月生产中，QA、QC无严重不良流出造成退货等，且顾客投诉少于三起	+4分/人
7	长期以来对工作任劳任怨，竭尽所能的去完成交代任务	+3分
8	工作质量精确，一个月下来从未出现错误，且能提前完成任务	+10分

对于下属工作的绩效考核，我认为要注意以下细节：

1.____

2.____

3.____

4.____

……

管理心得

管理心得，其实是品质经理对自己个人工作的总结。可以是对某一个事件的看法，也可以是对某一项工作的实施计划；可以是成功的经验，也可以是失败的教训。

我的月管理心得

已办事项	
未办事项	
待办事项	
通过这一个月的工作，我最大的收获是：	

第四章
季度工作安排与落实

引言

对于季度工作的安排，属于宏观性的，要对一个季度的重点事项做到心中有数。才能按照季度安排做好每月、每周甚至每一天的工作安排。

作为品质经理，每一季度的重点工作都需要有所侧重。但是总的来说每一季度的工作中又有重复的事情。要想让自己更加从容地应对，你可以将自己每一季度的工作都做好安排。

一、制订一季工作计划

（一）季度重点工作指引

品质经理可以制定一个季度重点工作指引，将每个季度重点工作大致分列出来。然后再对每个季度的工作进行具体安排。表4-1是某企业品质经理的季度重点工作指引。

表4-1　季度重点工作指引表

季度	重点工作	备注
一	1.编制品质部年度工作计划 2.建立品质管理制度和考核办法 3.对所有员工进行品质意识专题培训 4.与采购部、仓库共同协商物料验收入库规范流程 ……	
二	1.编写成品出库抽样检验方案 2.陪同供应商来厂了解有关产品品质问题，商讨双方有关检验标准及解决方法 3.总结上半年品质工作情况并进行下半年品质工作规划 ……	
三	1.选择认证机构并签订认证合同 2.工程不良的统计、分析，协同工程部、生产部进行原因分析，提出纠正措施，并跟进其改进 3.重新制定检验作业规范指导书 ……	

续表

季度	重点工作	备注
四	1.对质量异常现场分析 2.统计各过程品质目标并进行业绩评估 3.参加客户和第三方年度审核和内部审核 ……	

当然，你可以根据自己的实际情况来编制一份自己的季度重点工作指引表。

表4-2　我的季度重点工作指引表

季度	重点工作	备注
一		
二		
三		
四		

（二）季度工作计划

品质经理确定了每个季度的重点工作之后，就要具体制订每个季度的工作计划。表4–3是某品质经理的季度工作计划。

表4-3　季度工作计划

序号	工作内容	阶段目标	目标达成时间			责任人
			1月	2月	3月	
1	确保质量体系有效地实施和运行	组建内审团队，提高内审质量	○			
2	行业（企业）标准的收集、编写、审核、批准与推广实施	1.经审核和批准后向公司内部及客户方推广与应用 2.最终达到所有员工熟悉行业标准	○			

续表

序号	工作内容	阶段目标	目标达成时间			责任人
			1月	2月	3月	
3	供货商管理	对供货商质量要求予以文件化，形成质量协议，减少不必要的浪费和损失		○		
4	部门的例行工作	确保公司的产品和服务能满足市场发展和客户需要		○	○	
5	监控检测设备校准、使用与保护	1.确保检验标准化和系统化 2.对新员工支配使用和保护方面的培训，检查仪器设备的保护和点检记录			○	
6	客户回馈情况处理	协助业务人员及时回复给客户，品质部监督执行并追踪处理情况				
	……					

现在，你也可以根据自己这个季度的工作重点来制订一份季度工作计划表。

表4-4　我的季度工作计划

序号	工作内容	阶段目标	目标达成时间			责任人
			1月	2月	3月	

二、供应商质量指导

一般来说，供应商的选拔、联系都是由采购部来主导的，品质部主要负责对供应商进行质量指导工作。

（一）供应商选拔审核

在供应商选拔阶段，品质经理必须对供应商进行品质控制能力审核，在确认好供应商确实有此品质能力后，再正式下单。通常情况下，都是通过现场审核的方式来审核供应商。审核项目包括以下三项。

1.产品审核

由供应商检验员执行，由品质经理做监督，审核过程中要重点关注企业搜集的不合格内容，并对照供应商提供的全项目检查报告检查测量、试验设备的符合性和适宜性。

2.过程审核

通过结合ISO 9001:2008的要求，在审核时结合供应商质量方针、各部门的经营目标，关注企业搜集的各类不合格的纠正措施、产品审核中发现的不合格源头。

3.填写审核报告

完成质量能力审核后，要写好质量审核报告，包含产品审核、过程审核、体系审核、改进计划等内容。

表4-5　供应商现场评审报告

编号：001　　　　　　　　　　　　　　　　　　　　填表日期：

<table>
<tr><td rowspan="5">供应商基本情况</td><td>名称</td><td colspan="2">××五金厂</td><td colspan="3">计划承接企业产品</td><td colspan="4">××（配件）</td></tr>
<tr><td>厂址</td><td colspan="2">××市××号</td><td colspan="3">涉及加工工艺过程</td><td colspan="4">产品配件生产</td></tr>
<tr><td>联系人</td><td colspan="2">赵××</td><td>职务</td><td></td><td>电话</td><td colspan="2"></td><td>传真</td><td></td></tr>
<tr><td colspan="2">主要生产设备</td><td colspan="8">冲压设备</td></tr>
<tr><td colspan="2">主要检测工具</td><td colspan="8">卡尺、光谱仪</td></tr>
<tr><td colspan="3">评审内容</td><td>优
5</td><td>良
4</td><td>中
3</td><td>差
1</td><td>劣
0</td><td>得分</td></tr>
<tr><td rowspan="3">综合项</td><td colspan="2">（1）质量政策是否明确，目标是否量化</td><td>★</td><td></td><td></td><td></td><td></td><td>5</td></tr>
<tr><td colspan="2">（2）特殊岗位的操作人员是否得到适当的培训</td><td></td><td>★</td><td></td><td></td><td></td><td>4</td></tr>
<tr><td colspan="2">（3）工作场地是否清洁、整齐，定置摆放</td><td></td><td>★</td><td></td><td></td><td></td><td>4</td></tr>
</table>

续表

评审内容		优 5	良 4	中 3	差 1	劣 0	得分
检验与试验	（1）进料检验是否有检验规范、检验记录		★				4
	（2）过程检验是否有检验规范、检验记录	★					5
	（3）最终检验是否有检验规范、检验记录	★					5
	（4）是否有标志来标明检验与试验状态			★			3
	（5）不合格品是否有处理程序并按程序处理				★		1
	（6）质量出现异常时是否有信息反馈，是否有纠正措施			★			3
	（7）计量器具是否有检定管理制度，现场使用状况是否良好			★			3
过程控制	（1）是否对承制产品具备足够的工序能力		★				4
	（2）是否制定了制造流程图和作业指导书		★				4
	（3）产品是否有适当的标志		★				4
	（4）机械设备是否定期保养、润滑和清洁			★			3
	（5）工装、工具是否适当保存，现场使用状态是否完好	★					5
	（6）搬运工具是否适当，是否能避免产品损坏	★					5
出货安排	（1）仓库是否整洁、标识清楚、账物相符	★					5
	（2）产品出货前是否进行出货检验，并按客户要求作标志	★					5
	（3）生产计划是否依交付期排定，以确保按期交付		★				4
	（4）有无适当的紧急订单的处理方式与能力			★			3
现场评审分数达到70分以上为合格		得分合计		79分			
评审结论	□评审合格　□评审不合格　□改善后再评审　□保留资料暂不列入名单						
	采购部		设计部		品质部		

在对供应商的选拔审核中，我一般会注重以下几项：

1.____

2.____

3.____

4.____

……

（二）下单质量规定

采购部与供应商签订采购合同时，必须与供应商签订品质协议。品质协议主要由品质部负责审核。品质协议的内容应该包括：产品要求、违约责任、质量记录、包装要求、检验方式、无法检验产品的质量证明（通常是国家、行业的质检证明）。以下提供一份某企业的供应商质量保证协议，仅供参考。

【范例11】供应商的质量保证协议

供应商的质量保证协议

××供应商：

感谢贵企业大力支持。为确保合同能够顺利执行，双方的合作不受影响，本企业对其从供应商处所采购或委托加工的零件作如下规定。

1.合同签订

采购或委托加工以双方签订“工矿产品购销合同”的形式确认，供应商需在收到我方合同三天内对合同进行签字确认，合同一经签订即具有法律约束力，必须严格履行。我方提供的合同号需在供应商提交的所有交货资料（装箱单、质量证明资料）上标明。

2.质量记录

由于外购、外协物件的质量直接影响我公司产品的质量，因此，供应商必须采取切实可行的生产工艺和控制方法对其产品的质量进行有效的控制，并保存必要的质量记录资料（工艺卡、原材料证明、检验记录、加工过程参数记录），以便我方进行核查。

3.零件标示

提供外协加工零件的供应商，需在图纸规定位置或非加工表面明显位置，用钢印或其他不易消失的方法，清楚地标刻上供应商代号、零件号和合同号。

4.交货期及包装

按合同签订日期或我企业提前通知交货期（传真）按时交货至我企业。如有延期交货，供应商需予以书面说明，并承担由此所造成的一切责任。零件需按合同号装箱，装箱单上需注明：合同号、零件号、零件名称、包装件数、数量和检验人员，供应商需提供适当的包装箱和包装物，以确保所有零件在运输途中不会受损，如有影响到零件质量的损坏，本企业将按不合格品退回。

5.质量证明资料

供应商在零件出厂前需对所供零件实施全部的尺寸检验，以及必需的化学成分和机械性能方面的测试，并在送货时随装箱单提交尺寸检验报告和有关材质证明、材质化验报告、机械性能测试报告等。

6.入厂检验

我企业质量管理部门将对进厂物料进行100%全检或抽样检验，发现不合格品时将出具“物料异常报告单”，供应商需对不合格品进行原因分析并制定纠正措施，在生产中加以改进，确保同类缺陷不再重复发生。物料异常报告需传回本企业采购部门，以对供应商的纠正措施效果进行验证；同时，检验不合格的零件将退回给供应商。如在生产实际使用过程中，出现的属供应商原因的不合格品，也将退回给供应商。供应商需理解上述要求，并签字将此协议作为合同附件，与所签订的合同具有同等效力，未尽事宜双方友好协商解决。

供应商代表：　　　　本企业代表：　　　　签订日期：

（三）供应商过程辅导

品质部主导供应商的品质辅导，必要时可请其他部门（如开发部、生技部、制造部等）协助、配合。其辅导方式如下：

(1) 不良对策。提供品质不良的数据、原因，协助厂商寻找对策。

（2）到厂验货。到厂商所在地进行验货，提前发现不良品。

（3）品质培训。协助厂商进行品质培训。

（4）管理辅导。协助厂商进行品管体系的诊断与建立。

（5）其他辅导。视具体情形采取其他辅导方式。

（四）供应商定期考核

在每月或者每半年对供应商的品质与其他内容进行一次考核，一般来说，考核分为A、B、C、D、E五级。

（1）E级供应商（协力厂商）为不合格厂商，予以除名、停止交易。

（2）D级供应商应予辅导，若3个月内未能提升至C级以上，视为不合格厂商予以除名。

（3）C级供应商应予辅导，若6个月内未能提升至B级以上，视为不合格厂商予以除名。

（4）B级供应商维持交易，视需要可予适当的辅导。

（5）A级供应商应予优先采购、增加交易量、优先付款等优惠。

在定期考核完之后，品质经理要安排人员填写供应商定期评审报告。

表4-6　供应商定期评审报告

考核时间：

供应商	××厂	代号	020	联系人	王××
供应材料/零件	零件（×××）				
供货质量	得分＝60分×（1－不合格批数÷送检总批数）				
	送检批数	不合格批数		得分	
	100次	2次		58.8分	
交付记录	得分＝20分×(1－延迟交付批数÷交货总批数)				
	交货批数	延迟交付批数		得分	
	100次	4次		19.2分	
纠正措施回复	得分＝4分×(1－纠正措施未回复次数÷纠正措施发出总数)				
	纠正措施发出总数	纠正措施未回复次数		得分	
	10次	0		4分	

续表

<table>
<tr><td rowspan="3">纠正措施有效</td><td colspan="3">得分＝4分×(1−重复发生次数÷纠正措施发出总数)</td></tr>
<tr><td>纠正措施发出总数</td><td>重复发生次数</td><td>得分</td></tr>
<tr><td>10次</td><td>0</td><td>4分</td></tr>
<tr><td rowspan="2">样件送达及时性</td><td colspan="2" rowspan="2">满分2分</td><td>得分</td></tr>
<tr><td>2分</td></tr>
<tr><td rowspan="2">价格水平</td><td colspan="2" rowspan="2">偏高1～3分；居中4～6分；偏下7～10分</td><td>得分</td></tr>
<tr><td>4分</td></tr>
<tr><td colspan="3">得分总计</td><td>92分</td></tr>
</table>

制表：　　　　审核：　　　　批准：

注意：

(1) 考核项目包括品质、交货期、价格、服务和其他方面。

(2) 每月考核一次，每半年综合考核一次。

(3) 考核等级划分：

①90.1～100分为A级供应商。

②80.1～90分为B级供应商。

③70.1～80分为C级供应商。

④60.1～70分为D级供应商。

⑤60分以下为E级供应商。

结论：××厂为A级供应商。

对供应商的定期考核时，我认为作为品质经理要着重考察以下几点：

1.____________________

2.____________________

3.____________________

4.____________________

……

三、设计抽样方案

品质部经常会对来料、半成品、成品进行抽样检验。因此，品质经理要设计好抽样方案，以供抽样检验时参照使用。

（一）抽样检验分类

抽样检验根据不同分类标准可以分为不同种类。

1.按选定的质量指标属性分类

（1）计数抽样检验。

用计数值作为批的判定标准，适用于不合格品数或缺陷数，表示单位产品质量的检验。

（2）计量抽样检验。

用计量值作为批的判断标准，适用于检验单位产品质量特性呈正态分布的情况。

2.按抽取样本的次数分类

（1）一次抽样检验：只根据抽取一次样本的检验结果判定合格与否。

（2）二次抽样检验：根据第一次抽样检验结果可作出接收、拒收或再一次抽样检验判断。

（3）多次抽样检验：可能超过两次抽样的检验。

（4）序贯抽样检验：事先不规定样本抽样次数，每检一个或一组产品，将累积结果依次与判定基准比较，作出接收、拒收或继续检验的判断，直到作出最终判断。

（二）确定计数抽样方案

实施抽样检验时，规定从一批产品抽取样本的次数、样本大小、产品批接收或拒收的判定规则，以及抽样检验程序的技术规范称抽样方案。

1.计数抽样方案参数

（1）某一批交验产品批量为 N。

（2）随机抽取 n 件产品构成样本。

（3）接收批量最大允许不合格品数 Ac（Acceptance）。

（4）拒收批量最小允许不合格品数 Re（Rejection）。

2.计数抽样方案判定

（1）当样本不合格品数 $d \leqslant Ac$，判交验批合格。

（2）当 $Ac < d < Re$ 不能判定，继续抽检。

(3) 当 d ≥ Re，判定交验批不合格。

3.计数抽样的表示

(1) 用 N、n、Ac、Re 表示一个抽样方案，记作（N、n、Ac、Re）。

(2) 当批量经样本足够大（N ≥ 10n）时，记作（n、Ac、Re）。

(3) 对一次抽样，Re = Ac + 1，在工厂中最为常用。

(4) 对多次抽样，每次 n、Ac、Re 在方案中都已明确规定。

（三）确定 AQL（合格质量水平）

1.合格质量水平

抽样检验中认为可以接收的连续提交检查批的过程平均上限值，称为合格质量水平，也称可接收质量水平（AQL）。

AQL一般用每百单位产品不合格品数或不合格数表示。

2.合格质量水平的确定方法

(1) 根据过程平均确定。

(2) 由供需双方协商确定。

(3) 根据用户要求确定。

(4) 根据损益平衡点确定。

(5) 根据消费者长期希望得到的平均质量确定。

3.AQL确定的参考数据

AQL确定的参考数据如表4-7所示。

表4-7　确定AQL参考数据

分类			AQL（%）
按产品最终使用要求		很高	≤0.1
		高	≤0.65
		一般	≤2.5
		低	≥4.0
按不合格品类别	进厂验收	严重不合格品	0.65~2.5
		轻微不合格品	4.0~6.5
	出厂验收	严重不合格品	1.5~2.5
		轻微不合格品	4.0~6.5

续表

<table>
<tr><th colspan="3">分类</th><th colspan="4">AQL（%）</th></tr>
<tr><td rowspan="3">按缺陷类别</td><td rowspan="3">进厂验收</td><td>致命缺陷</td><td colspan="4">0.25</td></tr>
<tr><td>重缺陷</td><td colspan="4">1.0</td></tr>
<tr><td>轻缺陷</td><td colspan="4">2.5</td></tr>
<tr><td colspan="2" rowspan="3">按产品质量性能</td><td>电器性能</td><td colspan="4">0.4～0.65</td></tr>
<tr><td>机械性能</td><td colspan="4">1.0～1.5</td></tr>
<tr><td>外观</td><td colspan="4">2.5～4.0</td></tr>
<tr><td colspan="3" rowspan="9">按产品检验项目数</td><td colspan="2">严重不合格品</td><td colspan="2">轻微不合格品</td></tr>
<tr><td>项目数</td><td>AQL(%)</td><td>项目数</td><td>AQL(%)</td></tr>
<tr><td>1～2</td><td>0.25</td><td>1</td><td>0.65</td></tr>
<tr><td>3～4</td><td>0.40</td><td>2</td><td>1.0</td></tr>
<tr><td>5～7</td><td>0.65</td><td>3～4</td><td>1.5</td></tr>
<tr><td>8～11</td><td>1.0</td><td>5～7</td><td>2.5</td></tr>
<tr><td>12～19</td><td>1.5</td><td>8～18</td><td>4.0</td></tr>
<tr><td>20～48</td><td>2.5</td><td>＞18</td><td>6.5</td></tr>
<tr><td>＞48</td><td>4.0</td><td></td><td></td></tr>
</table>

（四）制定抽样检验步骤

品质经理要制定抽样检验步骤，以供品管员抽样检验时操作。

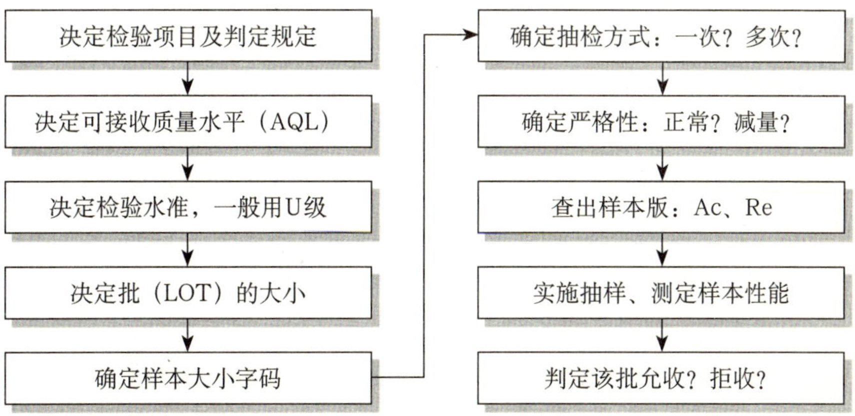

图4-1　抽样检验步骤流程图

（五）样本大小字码

样本大小字码是指调整型抽样检验中用以代表不定期检查水平和批量范围内样本大小的字母。一般来说：

(1) 批量越小，样本字码越大，样本也越大。

(2) 检查水平越高，样本字码越大，样本也越大。

(3) 批量太小时，不同检查水平用相同的样本字码。

>>> **相关链接**

关于抽样的基本概念

1.样本

从总体中抽取的，用作测试、判断总体质量的一部分基本单位。

2.抽样

从总体中取出一部分个体的过程称为抽样。

3.批量

一批产品包含的基本单位数量称批量，以N表示。

4.样本大小

样本中包含的基本单位数量称为样本大小，以n表示。

5.抽样计划

一个抽样计划是指每一批中所需检验的产品单位数（样本大小或一连串的样本大小），以及决定该批允收率的准则（允收数及拒收数）。

6.抽样时机

样本可在批内所有各单位全部组装完成后抽取，或在批组装时抽取，在这种情况下，批的大小须在任何样本单位抽取前决定。如果样本单位是在批组装时抽取，并且在该批完成前即已达到拒收数，则对已完成的该部分产品，应予以拒收。不良产品的原因须先查明，并及时采取纠正措施后，才可开始新的批。

当使用两次或多次抽样时，每一样本应从整个批中抽取。

7.计量值

在数轴上连续分布的数值体系，由数轴上有限或无限范围内的所有点构成（如长度公差10mm±0.1mm）。

8. 计数值

由数轴上有限个点或可指明的无限个点组成的数值体系，在数轴上呈离散分布，是不连续的数值。计数值可分为：计件值（如不合格品数）和计点值（如疵点、污点、气泡等）。

（六）工厂常用的抽样标准MIL—STD—105E使用方法

1.决定品质水准

决定良品、不良品的判定基准，对于无法用文字表述的部分，必须设定实物样品。

2.设定AQL

不良率从0.01～10，共有16级，每100单位内缺点数从0.01～1000，共有26级，选定其中合适的一级。具体级别为：0.010，0.015，0.025，0.040，0.065，0.10，0.15，0.25，0.40，0.65，1.0，1.5，2.5，4.0，6.5，10，15，25，40，65，100，150，250，400，650，1000。

3.设定检查水准

从检查水准Ⅰ、Ⅱ、Ⅲ中选定一种。

（1）如果没有特别指定时，采用水准Ⅱ。

（2）对一些简单的物品，即使批次误判的比率略大于Ⅱ，也不会有太大影响时，为了缩小采样数量，可用水准Ⅰ。

（3）对一些重要的物品，为了减少误判的比率，可以用水准Ⅲ。

（4）特别水准为S—1，S—2，S—3，S—4四级。像一些破坏性检查，由于费用高，为了通过又少又准的采样来判定批次时，可以用特别水准来判定。

4.设定抽检方式

确定采用一次采样、二次采样、多次采样等其中一种。

5.确定检查的松紧度

确定采用正常检查、严加检查、放宽检查等其中的一种。最初一般是从正常检查开始，在取得实绩之后，再调整松紧度。以下是某企业一份成品出厂及外协件、采购件进厂检验抽样方案，仅供参考。

【范例12】成品出厂及外协件、采购件进厂检验抽样方案

成品出厂及外协件、采购件进厂检验抽样方案

一、本方案依据GB/2828.4—2008《逐批检查计数抽样程序及抽样表》制定。

二、本方案适用于公司所有批量供货产品的出厂检验及外协件、采购件进厂检验的外观检验和尺寸检验项目。

三、本方案所确定的接受准则为零缺陷接收，即按抽样方案检验时，每批发现一个不合格则判定为此批不合格。

四、本方案采用正常检验一次抽样方案，使用一般检验的Ⅱ水平和规定：

抽样方案表

批量(件)	样本量(件)
2～8	2
9～15	3
16～25	5
26～50	8
51～90	13
91～150	20
151～280	32
281～500	50
501～1200	80
1201～3200	125
3201～10000	200
10001～35000	315
35001～150000	500
150001～500000	800
500001及其以上	1250

五、抽样方式随机抽样。

六、抽样检验记录填写规定：

1.出厂成品抽样检验记录填写的数量为5件，样本数量小于5件的按实际样本量填写。

2.进厂产品抽样检验记录填写的数量为10件，样本数量小于10件的按实际样本量填写。

七、说明：

1.对于新产品在没有达到批量前，外协件、采购件进厂检验的外观检验和尺寸检验抽检件数应是此抽样方案样本数量的2倍。

2.新产品批量供货半年后，方可执行此抽样方案。

四、制作检验流程图

品质经理要制定标准检验流程图，以便品管员在进行检验时参照使用。

（一）检验流程图要求

检验流程图是表明产品生产的整个过程中各项检验安排的一种图表。它包括检验点的设置、检验项目、检验方式、检验手段、检验类别和检验数据处理等。

1.检验点的设置

检验点的设置即确定应该在何处进行检验。它是根据技术上的必要性、经济上的合理性和管理上的可行性来具体安排的。

2.检验项目

根据产品技术标准、工艺文件和图纸所规定的技术要求，列出质量特性表，并按质量特性缺陷进行分级，以此确定检验项目。

3.检验方式

根据工序能力和质量特性的重要程度，明确自检、专检、定点检和巡回检等。

4.检验手段

明确是理化检验，还是感官检验或其他检验等。

5.检验类别

明确是全数检验，还是抽样检验。

6.检验数据处理

规定如何搜集、记录、整理、分析和传递质量数据。

通过检验流程图，检验人员就能比较全面地掌握生产过程中对检验工作的需要，以便确定如何最好地保证实施这些需要。

（二）检验流程图符号

流程图的标志符号，企业可以自行规定，但一般应采用IE（工业工程）技术中的分析符号。流程图的标志符号有两类，即过程符号和检验符号。

1.过程符号

(1) 基本过程符号。

常用的基本过程符号，如表4-8所示。

表4-8　基本过程符号

符号名称	符号	符号含义	备注
操作	○	表示对作业对象进行加工、装配、合成、包装、处理等	
移动	⇨	表示对作业对象进行搬运、运输、输送等，或作业人员作业位置的变化	
检验	□	表示对作业对象进行数量或质量检验，或对某种操作执行情况的检查	质量检验可用◇表示
暂存停留	▭	表示作业对象在工作地附近的临时停放或等待	
储存	▽	表示作业对象在保管场地有计划地存放	

(2) 复合过程符号。

常用的复合过程符号，如表4-9所示。

表4-9　复合过程符号

符号	符号含义
	在给定的时间内，加工与质量检验同时进行
	在给定的时间内，加工与搬运同时进行
	在给定的时间内，质量检验与数量检验同时进行

2．检验符号

过程符号中的“□”或“◇”只能标示出检验活动的位置，必须辅以检验符号以说明检验方式和手段。检验符号一般应写进“□”或“◇”中去。

表4-10　检验符号

检验方式	检验符号	检验方式	检验符号	检验方式	检验符号
进厂检验	E	一般检验	A或I	抽样检验	SP或n/c
工序检验	P	质量检验	O	控制图	C.C或W
最终检验	Z	理化检验	F或M	记录	R
完工检验	ZF	感官检验	S	调试	X
成品检验	ZP	外观体验	N	监视点	W.P
合格证验收	C	全数检验	L或100%	停止点	H.P

（三）检验流程图

以下是常用品质检验流程图，仅供参考。

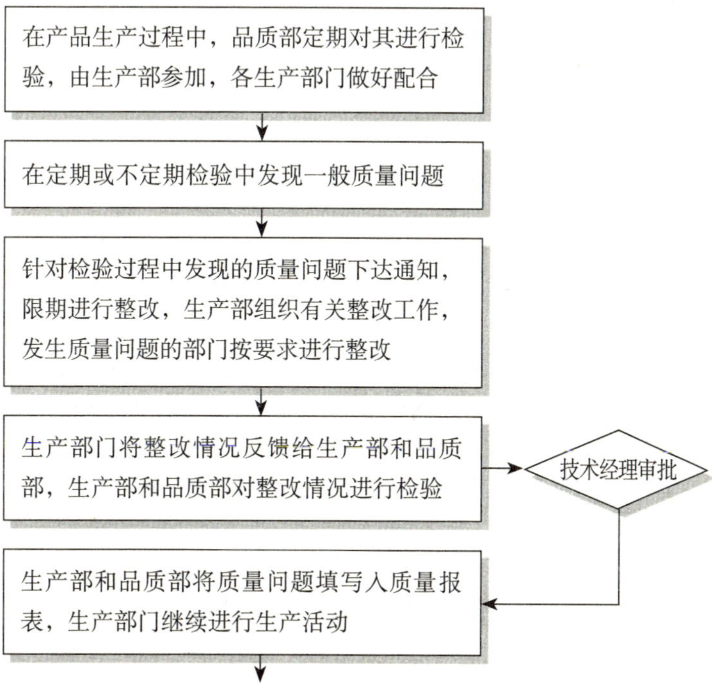

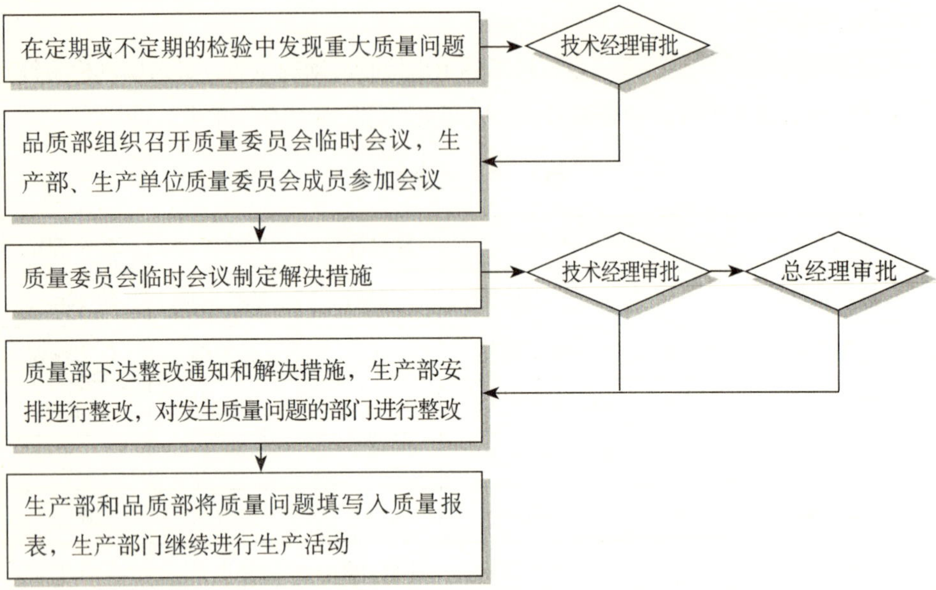

图4-2　产品生产过程检验流程

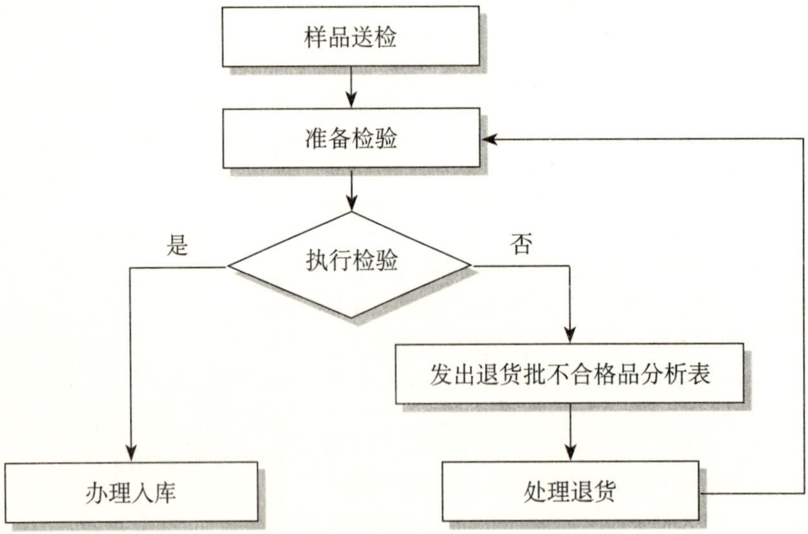

图4-3　入库送检工作流程

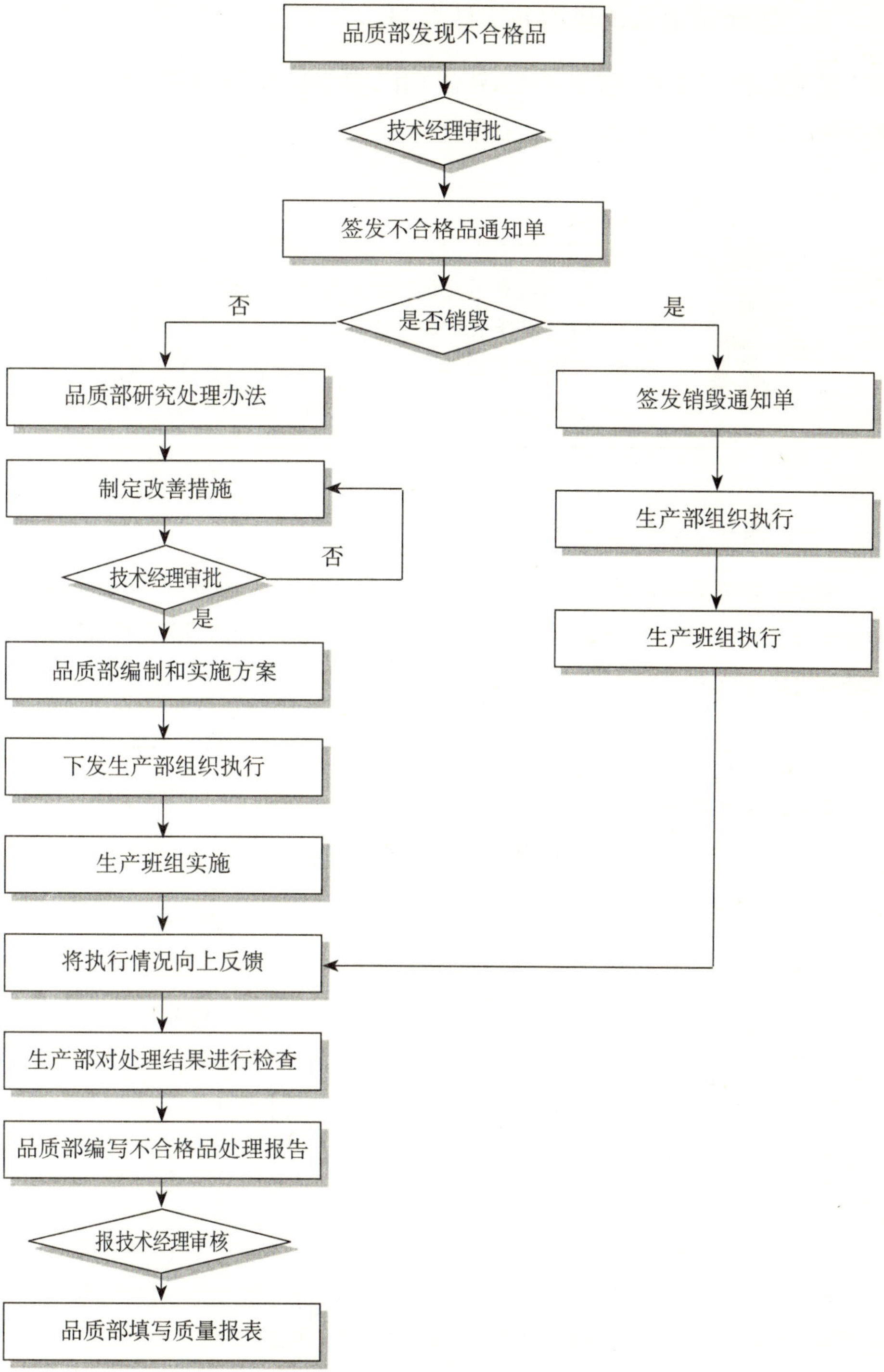

图4-4 出库送检工作流程

五、选择质量认证机构并签订合同

品质经理负责企业质量管理体系认证工作，取得质量管理体系认证证书。因此要选择合适的质量认证机构，对企业进行认证。

工作提示

证书的获得只能证明企业当时已达到的品质保证水平，并不等于长远保证其为国际水平。在获得认证证书后，每年还需进行1～2次的复核，而3年有效期过后，则需进行再次的全面审核。

（一）选择认证机构考虑因素

企业已建立品质管理和品质保证体系并正常运作之后，就可以考虑向认证机构申请认证。对认证机构的选择，在聘用管理顾问公司提供咨询服务的情况下，可要求顾问提出建议。

>>> **相关链接**

选择认证机构基本因素

品质经理在选择认证机构时，一般需综合考虑下列三个基本因素：

1.权威性

不管是中国境内或境外的认证机构，都要有一定的知名度和权威性，它以第三者的身份对企业的品质管理和品质保证的可靠性作出鉴定和证明。所以知名度高和具有较大权威性的认证机构的注册证书对企业的声誉有良好的影响。在选择认证机构时对此应进行比较分析。

2.地区性

例如产品基本上属中国国内销售，就不一定选择国外的认证机构，因为全世界的国际标准是一致的。对于外销产品，当需要选择国外的认证机构时，可以选择本企业产品外销量大的国家（或地区）中有威望的认证机构，或在全世界都有威望的认证机构。

3.经济性

国际上各认证机构计算认证收费时，主要考虑评审员派到企业审核所需人数、天数、薪酬、差旅费（食宿交通等）和管理费。因此，就近选择在当地有办事处的认证机构的费用一般会较低。再者，通过认证注册的企业每年还要接受监督审核1～2次，所收费用也以当地有办事处的认证机构为低，而且通常经过3年以后还要进行再次的全面审核。

除以上三个基本因素外，还应具体考虑以下问题：

（1）ISO 9000认证机构工作的独立性和公正性。为此，客户不能同所请的ISO 9000咨询顾问有任何利益关系。

（2）确认认证机构是否已取得鉴定机构的认可。尤其是在所从事审核行业的经验，是否有该行业的认可审核资格？一般以国际上的SIC Code分类为准（SIC是Standard Industrial Code的简写，即行业分类标准）。

（3）认证机构内的评审员对ISO 9000的内容要有一致的理解，不应存在明显的分歧。

（4）评审员应根据ISO 9001、ISO 9002或ISO 9003的内容要求进行审核，而不应有个人偏好或先入为主的概念。

（5）认证机构的国际地位如何？是否获得广泛地区的认可？尤其是在产品销售的主要地区的影响力如何？

（6）认证机构是否严格培训评审员？在经鉴定机构认可的认证行业内，是否拥有足够经验的评审员？

（7）认证机构是否有足够的跨地区办事和工作的经验？

（8）认证机构是否有足够经验的人力资源、是否能提供良好的服务？

（9）评审员的工作态度要专业。

（10）认证机构要能使用当地语言文字进行审核。

总之，在选择认证机构时，应结合组织的实际，并应充分考虑以上各因素，然后才作出最佳的、最经济的选择。

我在选择认证机构时，一般会重点考虑以下因素：

1.____

2.____

3.____

4.____

……

（二）估算认证机构费用

在确定要建立质量管理体系后，在选择认证机构时，无可避免地要考虑建立和运行的费用，以期以最低的成本取得最好的收益。要估算出费用，则要对认证机构估算费用的依据有所了解。

一般来说，认证机构根据下列三点估计认证审核评定费用。

(1) 质量体系要求的裁剪情况。

(2) 申请认证的企业规模、体系覆盖的产品范围、涉及查看的现场多少、地理位置的分散与集中。

(3) 预计总的工作量（以人数、天数计）。

各认证机构的费用标准不一，一般是先按企业规模（人数）计算审核工作量（人数×天数），每个“人数×天数”的费用，国内一般是3000元人民币，国际上是5000～7000元人民币不等。

对此有所了解后，你就可以根据组织的规模、体系认证范围等大致估算出费用。

（三）签订认证合同

如果你同意认证机构提出的费用要求，一般应与认证机构之间签订一份合同，合同应明确认证机构与受审方的职责和义务。以下是某企业签订的认证合同，仅供参考。

【范例13】管理体系认证合同书

管理体系认证合同书

申请企业：

（甲方）

认证机构：

（乙方）

依据 □GB/T19001标准 □GB/T24001标准 □GB/T28001标准和乙方公开文件的规定，甲乙双方就以下范围的自愿认证项目经双方协商一致，签订本合同。（具体认证范围见申请书）

一、甲方、乙方的职责和权利

（一）甲方

1.甲方自愿向乙方提出认证申请，应仔细阅读相关公开文件并按乙方要求提供认证申请书及有关附件材料。

2.甲方在接到乙方认证受理通知后应及时交纳认证费用，同时接受乙方按照认证程序安排的现场审核，提供评价所需要的信息。

3.甲方现场审核存在问题较多需要进行跟踪审核时，应按乙方的安排接受跟踪审核。

4.甲方获得认证证书后，在有效期内应保证管理体系运行持续符合认证要求，正确使用认证证书和标志，在进行有关认证宣传时，应符合《认证证书和认证认可标志及国际互认标志控制程序》的规定。

5.甲方在证书有效期内必须接受乙方安排的监督审核，按规定及时交纳年金、监督审核费，需要时，甲方还应接受国家认证认可主管部门的见证评审、专项监督。

6.当甲方管理体系发生如下重大变化时，包括但不限于：

（1）法律地位、经营状况、组织状态、所有权变化。

（2）组织和管理层（关键的管理、决策和技术人员）。

（3）联系方式、地址和场所。

（4）获证管理体系覆盖的运作范围。

（5）管理体系和过程的重大变更。

（6）国家监督抽查不合格等严重违法现象。

甲方应及时通报乙方，乙方将视情况调整审核频次和时间，费用由甲方承担。

7.当证书被注销或撤销时，甲方应立即停止在相关宣传材料中使用认证证书，并交回证书原件。如证书被暂停或变更认证范围时，甲方应通知相关顾客，证书暂停期间甲方不得使用认证证书。

8.甲方负担乙方派出的现场审核人员的差旅、食宿费用。

9.当甲方申请的认证范围包括多个子公司或分现场时，签署合同的甲方应确保对认证范围内的所有子公司或分现场均遵守本合同的约定。

10.甲方有权就认证过程中产生的争议向CCAA提出申诉。

（二）乙方

1.乙方应按认证程序的要求，对甲方的认证申请范围、场所实施现场审核，与甲方协商合理安排现场审核等评定工作。

2.乙方应和甲方协商，就每次现场审核人员和时间做出妥善安排，并以书面方式提前通知甲方。

3.审核人员应严格遵守审核员行为准则，认真履行审核员职责，对甲方的商业秘密履行保密义务并接受甲方的监督。

4.乙方根据现场审核等评定工作的结果召开技术委员会对甲方的认证申请进行评价，做出认证决定。当甲方的申请符合获准认证的条件时，乙方应及时向甲方颁发认证证书。

5.甲方获准认证后，管理体系认证证书有效期为3年（转换证书以原发证时间计），乙方将在初次认证现场审查日起每年安排一次正常监督。

6.甲方应根据乙方的年度监督安排，接受年度监督审核。如逾期不能接受年度监督，乙方有权对甲方持有的证书做出暂停、撤消处理。

7.甲方获准认证后，乙方应以适当方式向社会公布，并将有关认证信息及时传递给甲方。

8.当认证要求变更时，乙方应及时通知甲方。

二、认证费用及其支付方式、时间

根据国家相关规定并经甲、乙双方协商，甲方应向乙方交纳以下认证费用。

1.质量体系认证（GB/T19001）认证：

初次/复评认证费：______元；年金及监督审核费：______元。

2.环境管理体系（GB/T24001）认证：

初次/复评认证费：______元；年金及监督审核费：______元。

3.职业健康安全管理体系（GB/T28001）认证：

初次/复评认证费：______元；年金及监督审查费：______元。

当乙方扩展认证范围时，应按实际扩展情况补充扩展审核认证费用。

三、保密和公正性

1.乙方按有关保密要求承担保密责任。

2.审核期间，未经双方同意，第三方不得介入现场观摩，法律或法规规定的除外。

3.乙方应安排具备公正性的人员实施审核及认证管理。

四、违约金或者损失赔偿额的计算方法

违反本合同约定，违约方应当按《中华人民共和国技术合同法》第四十六条和《技术合同法实施条例》第八十六条、第八十七条规定，承担违约责任。

（一）甲方在认证过程中不能及时缴纳各种费用或按时接受年度监督时，乙方将根据有关规定给予处理，包括暂停后续工作或暂停、注销和撤销认证资格，由此对甲方造成的损失乙方不承担责任。

（二）甲方提出中止合同时，应支付乙方已发生有关认证费用。

（三）乙方由于非认证方面的原因而提出中止合同时，应退还已收甲方所有费用。

五、争议的解决办法

在合同履行过程中发生争议，甲乙双方应当协商解决，也可以请中国认证认可协会调解。

甲乙双方不愿协商、调解解决或者协商、调解不成的，可以提请当地技术合同仲裁委员会进行仲裁或按照司法程序解决。

六、本合同未尽事宜，甲乙双方共同协商解决

七、本合同一式二份，甲乙双方各持一份，自双方签字盖章后生效

甲方

单位全称：　　　　　　　　　　（盖章）

日期：　　年　　月　　日

地址及邮编：

负责人：　　　　　　　　　　　认证联系人：

电话：　　　　　　　　　　　　传真：

乙方

单位全称：　　　　　　　　　　（盖章）

地址：　　　　　　　　　　　　负责人：

授权签署人：　　　　　　　　　签署日期：

六、编写作业指导书

作业指导书有时也称为工作指导令或操作规范、操作规程、工作指引等。品质经理要组织安排人员编写作业指导书，对于一些比较复杂的作业指导书，需要由品质经理亲自负责。

（一）作业指导书的基本内容及格式

一般作业指导书需要统一格式，其内容顺序为：

1.作业目的

作业目的是指完成此项工作所应达到的目标和结果，也就是为什么要进行此项作业，完成此项作业要达到的技术指标等。

2.作业前的准备和确认事项

作业前的准备和确认事项一般包括：设备的状态确认、作业图纸和工作指令的确认、各种基准的确认和作业前应准备的工具、作业台的整理等。

3.作业流程

作业流程是指导完成该项作业标准化的作业顺序及步骤。作业流程规定了每一步骤的具体操作要求和操作内容等。

4.作业注意事项

作业注意事项是指完成每项作业步骤应注意的问题，并且要写上由于不注意以上的要求可能发生的不良现象。

5.其他注意事项及特殊事项

主要是写处理异常的程序以及对于关键问题、特殊需求确认的规定。

6.工作图

如有必要可以附上工作图，在作业指导书中的正文部分，适当地穿插必要的图示加以说明。

以下是某企业进料检验作业指导书，仅供参考。

【范例14】进料检验作业指导书

进料检验作业指导书

1.目的

为进一步提升进料检验的规范性操作，为避免因个人经验与思维方式而产生不同的判定标准，特拟定统一的检验标准。

2.适用范围

本公司所有的原材料等及需要进仓外协供应商送货到本公司的产品。

3.职责与权限

3.1 来料检验员负责对所有的原材料等需要进仓的物料执行品质状况的判定。

3.2 来料检验员必须对所检验与判定的方案负责，对检验过程实施负责，并督导供应商执行本公司的检验标准。

3.3 来料检验员不能判定的产品由品质部负责人或厂长做最终判定。

3.4 来料检验员对批量性退料时，必须从批量不合格中选出不良品样板，并填写好来料异常报告。

3.5 此不良品样板作为本公司要求供应商对品质改进要求的凭据，同时将不良品样板上交于相关人员。

3.6 对于特别紧急的来料，进行批量性退回时，必须经由相关负责人员授权放行或退回做最终评估后决定是否授权特采或让步接收。

3.7 对于特别紧急的来料经授权人员特采或让步接收后，并立即组织挑选后将不良品退回供应商，并要求供应商负相应的责任或赔偿，并要求进行相应的纠正和预防措施而进行改善。

4.检验方法

4.1 全检：适用于来货数量少、价值高、不允许有不合格的物料或工厂指定进行全检的物料。

4.2 抽样检验：适用数量较多、经常性使用的物料，进料大部分采用抽样检验。

4.3 免检：适用于大量低值辅助性材料或认定免检厂来料。

5.检验结果的处理方式

5.1 允收：经IQC验证，不合格品数符合AQL值允收水准则判定允收，IQC开出“IQC PASS标签”贴于合格物料上，并把合格物料移至合格品区域，并通知货仓收货入仓。

5.2 拒收：不合格品数超出允收水准则判定拒收。IQC开出“IQC 异常标签”贴于不合格物料上，并把不合格物料移至不合格品区域，并通知货仓及时处理。

5.3 挑选/加工使用/特采：工厂考虑不使生产线断线，及能在本厂处理的情况下采用的特采方式，处理费用由厂商承担。

6.检验范围

6.1 塑胶料类。

6.1.1 范围。

本检验规范仅适用于本公司所有正常来料检验的塑胶结构件。

6.1.2 参考文件。

（1）IQC 抽样计划及验收标准。

（2）样品承认书及相关产品文件，工程更改通知。

6.1.3 检验条件。

（1）距离：人眼与被测物表面的距离为 300 ~ 350mm。

（2）时间：每件检查时间不超过 10 秒（10 秒内检查不出的缺陷可以接受）。

（3）位置：检视面与桌面成 45°；上下左右转动 15°。

（4）照明：40瓦冷白荧光灯，（光照度达300～800Lux）。

6.2 所有抛光件/喷塑件的外观检验标准。

6.2.1 所有抛光件/喷塑件的表面绝对不允许砂眼现象存在，特殊原因除外是指原材料出现异常时，表面颗粒大小均匀，分布均匀。

6.2.2 抛光件/喷塑件表面，拉砂纹路深度一致，纹路走向一致，色泽均匀。不可有裸露未喷粉的表面现象。色泽均匀，不可有深浅色、异色。

6.2.3 抛光件/喷塑件边角的拉砂或抛光处理严格按图纸要求处理，不要求拉圆角的地方，不允许拉圆角，要求拉圆角的地方，四个圆角弧度大小、形状必须一致，螺纹孔不得被粉层堵塞。

6.2.4 抛光件/喷塑件表面四边、四角不允许有毛坯、尖角、塌陷、缺边、缺角、凹凸点，无明显碰伤、拉伤、生锈、印痕、水渍、明显砂眼等现象。

6.3 所有包装件/吸塑包装件的外观检验标准。

6.3.1 包装件/吸塑包装件无明显歪斜、麻点、水渍、破裂、缺边、油污、气泡、黑点、白点、杂质。

6.3.2 压折线居中，不允许破裂、多出压折线。

6.3.3 切口处表面裂损不超过3～8mm。

6.3.4 钉箱的钉针无锈渍、裂开，钉装牢固。

（二）作业指导书的编写程序

1.编制准备

收集现有的运作文件资料，查阅有关技术资料，提出通用的规程文件格式样本。

2.初步列出工作规程目录

品质经理要召集公司各部门专业人员共同探讨，结合实际工作中的操作惯例，对照三大规范文件，分析服务提供特性、验收标准，初步确定操作规程目录。

3.落实编写计划和责任人

根据组织架构，按部门专业及企业运作特定的模式，确定工作手册目录，以确保文件总体的系统性，即将工作规程的编制纳入工作手册中进行。然后落实编写和总体设计、审核的责任人，具体编写文件的责任人，规定完成编写文件的日期。

4.编写

在确定了文件目录后，编写具体文件时，可参考类似的样本，但应注意职责与内容的编写必须协调统一。在编写某类手册时，考虑工作规程应使文件具有层次性，如运行管理规程应包括定期及不定期检查运作和具体操作的工作规程。

工作提示

具体编写某个文件的格式应类似程序文件的格式，特别是内容与过程的描述应尽量与实际作业相吻合，并应依据有关法律、法规、公约、合同，结合行业特点进行编写。

>>> **相关链接**

作业指导书编制的原则

作业指导书的编写应遵循以下的原则：

1.作业指导书应尽可能简单、实用

ISO 9001规定质量管理体系程序的“范围和详略程度应取决于工作的复杂程度、所用的方法，以及开展这项活动所需的技能和培训”，同样作业指导书的详略程度也与此有关，并应尽可能简单、实用。

2.只写该写的作业指导书

一般来说，作业指导书过多或过少都是不正常的，但其数量并没有明确的规定，而应建立在需要的基础上。你应针对你计划编写的作业指导书回答以下三个问题：

（1）我为什么要编制这个作业指导书?

（2）有了这个作业指导书，我能执行什么任务（控制哪些影响质量的因素）?

（3）文件的培训或岗前培训、岗位培训能覆盖或取代这个作业指导书吗?

对以上三个问题的明确回答可以决定是否需要这个作业指导书。

3.易于修改

为响应瞬息万变的顾客需要和社会需要，过程需要不断地改进，因而有必要发挥员工在持续质量改进中的作用，而难于修改的作业指导书不利于员工积极性和创造性的发挥。

4.应与已有的各种文件有机地结合

在许多案例中，组织把旧的工艺文件、规程、规范、工作标准等放在一边，仅简单地粉饰上质量管理体系要求，而没有把作业指导书和组织已有的文件结合起来。这实质上又会产生新的官僚主义，维持这种官僚主义产生了不必要的工作而对公司本身没有什么价值。

5.批准

试用后，对照程序文件和三大规范，不断修改不完善的内容，并补充或合并、删除部分文件，使各工作规程之间及本身更具系统性、统一性、完整性和操作性，然后按权限批准工作规程，受控汇编成册分发至相关人员。

我认为在编写作业指导书时，要注意以下几点：

1.____________________

2.____________________

3.____________________

4.____________________

……

以下是某制造企业作业指导书，仅供参考。

表4-11　作业指导书

序号	文件名称	文件编号	文件版本			备注
01	岗位说明书	QWI-001	1.00			
02	客户需求一览表	QWJ-001	1.00			
03	法令、法规要求一览表	QWL-001	1.00			
04	质量保证体系图	QWA-001	1.00			
05	QC工程表	QWA-002	1.00			

续表

序号	文件名称	文件编号	文件版本			备注
06	绩效考核规定	QWI-003	1.00			
07	制造作业指导书	QWB-001	1.00			
08	设备操作指导书	QWD-001	1.00			
09	包装作业指导书	QWG-001	1.00			
10	进料检验作业指导书	QWA-003	1.00			
11	成品检验作业指导书	QWA-004	1.00			
12	IQC抽样计划作业指导书	QWA-005	1.00			
13	可靠性试验作业指导书	QWA-006	1.00			
14	制程检测作业指导书	QWA-007	1.00			
15	检测设备操作指导书	QWA-008	1.00			

七、量具的检定

（一）量具的检定

(1) 品质部要制订企业“量具检定计划表”并组织实施，计划内容包括：

——量具检定、校准部门（或人）。

——量具检定、校准周期及时间。

表4-12 量具检定计划表

时间 设备名称	1月	2月	3月	4月	5月	6月	7月	8月	9月	10月	11月	12月

(2) 量具的检定、校准由质量部计量员专职负责实施，并做好检定、校准记录。

(3) 凡法定计量仪器设备及本企业暂无能力检定或校准的量具，均由品质部送国家法定计量部门检定及校准，并取回检定证书及合格证。以下是某企业量具检校计划表，仅供参考。

表4-13　企业量具检定计划表

时间 设备名称	1月	2月	3月	4月	5月	6月	7月	8月	9月	10月	11月	12月
光滑塞规	★		★		★		★		★		★	
螺纹栓规		★		★		★		★		★		★
光滑环规	★		★		★		★		★		★	
螺纹环规		★		★		★		★		★		★
校验栓规	★		★		★		★		★		★	

(二) 量具检定标志

(1) 凡经检定合格的量具，均由品质部在该设备上贴上“检定合格证”，合格证需注明该设备名称、编号、检定人，检定日期及有效期。

××有限公司

校验合格标

品　　名________	规　　　格________
编　　号________	校　定　员________
校验日期________	下次校验日期________

(2) 凡经检定不合格或在使用中出现问题，可能影响检测结果准确性的量具，均由品质部在该设备上贴“严禁使用”字样的标志。

管理心得

管理心得，其实是品质经理对自己个人工作的总结。可以是对某一个事件的看法，也可以是对某一项工作的实施计划；可以是成功的经验，也可以是失败的教训。

我的季度管理心得

已办事项	
未办事项	
待办事项	
通过这一个季度的工作，我最大的收获是：	

第五章

年度工作安排与落实

引言

年终又到了，要对量具进行年终检查，编制品质部年度工作计划，重新制定检验作业规范指导书……

这个时候可以说是品质经理忙得团团转的时候。

其实，你也可以不用让自己显得如此忙碌，怎么办？

提前将年终各项工作做好安排，就可以让每件事情按照计划进行。当然，预留一定的时间来应对突发事件，可以让你在年终更好地完成各项工作。

一、年度工作总结与下一年计划

年终总结包括品质经理个人和部门两种，这里讲的年终总结就是部门总结。当然，无论是哪一种，品质经理都不要忽视，我们先来看一个案例。

小叶是某电子公司品质经理，年终又到了，总经理要他写一份年工作总结。小叶一下子紧张起来，去年就是因为年终总结写得太简单，结果被领导认为一年啥都没做，不但年终奖比别的部门经理少了一大截，而且险些让老板动了让他走人的心。

其实自去年就任品质经理以来，小叶同部门人员共同制定一系列品质检验规范，从来料、半成品到成品各个环节，每月组织一次公司全员品质意识培训，增强品质意识，同时还找来认证机构认证，顺利通过体系认证……公司产品客户投诉率由15%降到5%，赢得了一致好评。小叶去年写总结的时候，虽然知道自己部门一年来很辛苦，但总不好意思写进总结里去，所以就写得比较简单。结果……

其实，小叶遇到的问题是具有普遍性的，一般会遇到如下图所示两种情形。

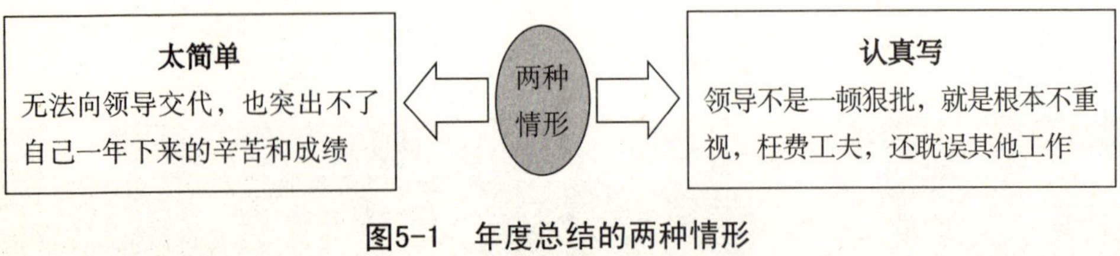

图5-1　年度总结的两种情形

因此，年终总结到底如何写才能引起领导的关注和重视，并能更好地指导来年的工作呢？这就是品质经理必须重视的问题了。

工作提示

年终总结既不能只有客观数据、理性分析的“一目了然”，也不能像纪实文学般的长篇报道，而应该是一个有系统性的报告，是一个能把形式和意图结合得很好的总结。

如果做到文、数、表、图综合运用，甚至是多媒体的演示，将要表达的核心思想准确、清晰、生动地呈现出来，会更能得到领导认可。当然，考虑到不同领导的风格偏好，也可以在形式与内容方面有不同侧重。

当然，所有的形式都要为内容服务，要想全面系统地做好年终总结，一般来说，可按照下面几个方面来组织内容。

（1）工作业绩。包括品质部各个职能所取得的成绩。

（2）部门和团队建设。包括品质部的制度建设、部门工作能力的提高、工作士气的提高、团队协作的改善等。

（3）跨部门合作。要把品质部和企业其他部门之间的配合情况反映出来。

（4）希望解决的问题。提出问题并提供相应的解决对策。对于实在没办法解决的问题，必须明确提出解决问题需要的资源和支持。

（5）下一年度工作计划概述。

【范例 15】品质部年度工作总结（一）

品质部年度工作总结（一）

今年以来，在公司领导的关怀和指导下，在同事们的大力支持下，品质部顺利进行本年度各项工作。品质部控制范围广：包括了进料、生产过程监控、成品监测、工装夹具、工艺改进、产品开发、售后服务，还包括体系建设、工艺检查等工作。现将今年以来的工作情况做如下小结：

一、部门基础管理

1.生产状态更新工作已完成。生产用图、生产工艺和检验作业指导书大部分已整理，预计年内全面整理完毕。

2.健全了品质部门质量目标，包括进料和成品漏检率、纠正预防措施等，并将所有目标指标纳入各岗位人员的绩效考核，确保品质监控的质量。

3.加强专业知识学习，开展知识、技能培训，全面提高员工素质。

（1）按照“年度培训计划”的要求，组织全体人员学习ISO 9001：2008质量管理体系知识，“程序文件”内容培训，并对相关内容进行了考试，考核合格率达100%。品质部全体人员积极参加了“执行力”培训。

（2）为了提高检验员的操作技能，开展了产品工艺、产品测量和操作技能等培训。考核合格发了上岗证。

（3）为加强质量检测力度，还对质检人员制订了培训计划。如机械制图和常用软件办公应用。

二、质量控制

1.进料品质控制：完善控制流程和检测手段：拟制了“外协件检验指导书”文件，规范了进料检验作业流程和检验标准。严格进料检验，发现数百批不合格品，并开展不合格品处理工作。

2.制程过程控制：严格执行“三检”制度，避免大批量不合格事故的发生，推行了产品标示和追溯工作。

3.成品质量控制：从今年的成品检验结果来看，每月的合格率均在99%以上，成品质量得到很大的提升，应归功于装配车间执行首检制度和成品检验的控制。

三、生产服务

1.工装车间参与长达半年的新生产线安装和零部件加工，保质保量按时完成公司新生产线安装计划目标。

2.工装车间日常配合机加车间工装夹具的制作，修理和改造。如分泵钳口铣加工的改造，加工中心工装夹具的制作。

3.工装车间配合新品开发组对新品工装的试制和修正。

四、工作规划

1.作为品质控制部门，由于之前几个月业务繁忙，对于现场生产工艺的日常检查较少。但是任何理由都不能作为借口，今后我们会平衡好各方面工作，将大量的时间用于管理及服务品技的监控上，从而真正能够做到按要求生产，发挥文件的执行效果。

2.从今年产品客户反馈问题来看，也体现了现有品质控制还存在不够完善、有漏洞的问题。主要是对产品检验手段和检验技术理解的缺乏。一方面是培训不深入，同时也体现了现有品质人员在产品的检验工作的执行度上下的工夫不够。今后将加强各岗位人员的业务能力培训和绩效考核。

五、工作建议

1.加强与外协件仓库的沟通，严格执行检验合格后入库原则，避免不合格品混乱和不良品入库的现象。

2.检验员工薪待遇较低，对质量波动有很大的影响。

3.由于受公司采购批量和其他因素的影响，来料质量无法从源头上保证，只能加强外协件检验，无形增加外协件检验员工作压力。公司应加强与供应商沟通，要求其改善。

4.公司很多员工和中层管理人员都很怕培训，很烦培训，对培训工作没有很深的认识。这很大程度取决于人员素质。

5.公司部分职能部门新员工的选用可通过内部提拔，如采购部采购员从仓管员中、技术人员从内部提拔等。内部提拔为优秀人才提供了职业发展舞台，能够留住高素质核心人才，提高了员工对企业的忠诚度。

6.员工辞工应办理离职移交手续。公司应安排其他人员接替其工作和职责，避免盲目上岗。

时值公司酝酿突破发展和走向规范化、制度化管理发展之际，品质检验工作任重而道远。现在品质部人员越来越感受到公司对质量工作重视度的加强。品质部将继续按照总经理的指示，提升品管人员素质；做好今后的品质管理策划，严格质量控制，确保公司产品和服务的质量能满足市场发展和客户的需要。

××××××××有限公司

品质部

【范例16】品质部年度工作总结（二）

品质部年度工作总结（二）

一、主要工作管理

1.以ISO 9000为框架，不断深化质量管理体系功能，实现过程的增值，扩展体系的范畴。不断强化在线控制功能，将监控前移，降低不合格损失的代价。

2.在品质部掌握大量数据的基础上，不断深化，开出月度质量报告，深入对质量管理的全过程、生产流程、服务流程进行分析和比对，形成改善的基础。

3.建立内部稽核机制，以SOS为基础，不断提高检测的可靠性和精确度。

4.质量管理职能不断扩展以及深化，为此，增加文控是有必要的。

5.在部门内明确提出，品质部的产品是数据，增值部分是服务，需加强对检测过程的管理与控制。

6.不断强化在线控制，减少必要的损失，将控制点前移，对关键零部件提高质量标准，并建立FMEA表，构建良好的供应系统。

7.现场管理采取6S模式，实行每周现场检查，并公布成绩，作为员工日常的考评指标之一。

8.建立品质部员工职业化教育体系，除了SOS具体内容外，还给员工进行职业化培训，涵盖质量文化、能动性管理、商务礼仪、时间管理、商务技能、客服技能等内容，借此提高员工知识水平，拓展知识架构，激励员工的创造力。

9.对工作的改进和质量管理部分，工作方法上采取目标管理，设定时限、要求、资源和检查点，并在此过程中发掘、锻炼人才。

本期工作期间存在的问题和不足:

1.公司内及部门内沟通不足，相关技能有待提高。

2.变革管理对各方面的利益考虑不到位，所以造成执行力弱。

3.部门管理做了很多宏观调整的工作，微观管理经验不足。

4.由于公司发展较快，质量体系文件需不断及时更新完善。

5.书面文件及电子档资料，没有做到定期整理、定期建档，一套标准化的文件管理规范形同虚设。

二、现场管理

1.现场管理中，相关检测仪器分类存放，每台仪器均指定保管人，同时采用标示方法，用以区别并实施现场管理。

2.品质部内部建立一个完善的标示体系，做到清晰准确，一目了然。

3.分批组织现场管理培训，提高员工的现场管理意识。

本期工作期间存在的问题：

公司内整体对现场管理不够重视，导致部门内员工参与的积极性不高。建议由管理部为首，带领各部门实施现场管理，并采用浮动奖金制，可以有效地激励员工。

三、工作流程与协作管理

1.部门管理制度的完善，内部存在问题的解决，按照公司发展要求，循序渐进，调整结构与流程，适应公司发展的需要，进料、制程、售后三分天下，实现相互监督、相互制衡。

2.部门主要职责的履行管理，这是质量管理的基本工作，同时寻求发展工作的经济效益和社会效益。

3.工作流程的制定及改善，部门工作流程按照技术流程和事物流程分类，图释及标注全部统一格式，用VISIO软件统一版面，途中设定关键控制点，方便员工的执行与操作。

4.制度流程的执行与监管，首先确定制度建设目标和要达到的效果，由相关岗位负责人提交内容，审核后整合，让员工广泛讨论，提出修改意见，最后发布实施，并不断检查实施效果和听取运行中的意见。

5.与资材、工程、生产做好供应链与市场链的质量保证。

现存在的问题和不足：

1.质量数据在公司内流转效率不高，没有达到最优利用率。

2.跨部门流程也需要标准化和实施考评。

四、员工管理与人才培养

1.员工管理与效率管理

1.1 团队工作制度与纪律建设与遵守，建立品质部管理细则，在此基础上加入质量文化及行事指引。

1.2 工作计划与效率，倡导时间价值，利用WBS进行工作分解，绘制甘特图，管理工作进度和质量。

1.3 工作秩序，扩充质量管理职能，按照控制要素进行细分，更专业化。

1.4 绩效管理，考评激励，对不适应部门文化的员工进行教育，对工作优秀的人员列入种子计划，建立技术与管理的升迁路线。

2. 人才培养

2.1 内容：自己设计教材，辅导员工的职业化，质量管理工具，思维方法，部门发展规划等。

2.2 在部门内实现轮换岗位和新增岗位竞争上岗，给予员工更多机会施展才华。

2.3 个人自我知识培养与工作需求的一致性评价（SWOT分析）。

2.3.1 优点：部门员工大部分为第一次接触冰沙调理机行业，可塑性强，容易培养忠诚度。

2.3.2 缺点：投入精力较大，成才成本偏高，对管理人员的要求相对来讲会高。

2.3.3 机遇：公司最近几年一直处于快速增长，发展空间和机遇还是可以期待的，质量管理人才在各相关运作部门适用性强，跨部门流动带来新的机会。

2.3.4 风险：一旦公司运作进入平稳期，将面临组织结构调整和人员素质要求的变化，可能会造成人才流失。

五、2012年度工作规划与目标

1.以ISO 9000为框架，整合各专业质量子系统，不断深化质量管理体系功能，实现过程的增值。完善和扩展在线控制范围，运作流程实施定期验证并深入人心。

1.1 以上均是或大或小的变革项目，计划执行按照项目方式来管理，成型后再做成SOS指南，成为日常操作指示，在部门内自主运行。

1.2 增加对员工的培训，2011年度准备自主新开一些讲座，包括TQM活动、现场管理等，提高员工意识和工作技能。

2. 需要的支持和帮助

2.1 对改进成果进行奖励，并积极分享，以激励员工工作主动性和创造性。

2.2 在变革过程中需要第三方部门进行需求调查，以便掌握进展和采用适当的推进方法。

2.3 建议管理部制定并明确公司员工升迁及发展规划。

2.4 建议在全公司内形成人才流动机制。

我在写年度工作总结和下一年工作计划时，常会遇到下列问题：

1.____________________

2.____________________

3.____________________

4.____________________

……

二、组织年度内审

内部质量审核是对公司质量管理体系进行自我检查、自我评价、自我完善的管理手段，旨在查明质量体系是否有效地实施、有效地保持及与标准的符合性。由于此项工作涉及企业所有的部门和全体员工。因此，开展内部质量审核时各部门要密切配合。

（一）内审策划

要确保质量体系的有效性、持续性，应常常开展内部审核。在开展之前，自然应对其策划。作为品质经理，策划内部审核乃其职责之一。在策划时应做到：

1.根据标准规定编制内部审核的程序文件

内部审核程序应当包括：

（1）负责内部审核管理的部门或人员。

（2）定期进行内部审核的周期（半年或一年）。

（3）不定期进行内部审核的条件（什么情况下必须或应该进行）。

（4）怎样进行具体的内部审核策划（包括如何编制具体的内部审核计划）。

（5）审核人员的资格及如何组织审核小组。

（6）进行内部审核的一般程序和要求。

（7）对审核结果进行处理的一般程序和要求。

（8）审核用的记录表格规范。

（9）审核技巧以及审核应当遵守的纪律和注意事项。

（10）奖惩事宜。

2.制订审核计划

审核计划包括年度审核计划和审核活动计划（审核大纲）。年度审核计划是审核策划的始端也是总纲，审核活动计划则是按照年度审核计划安排具体实施。

审核计划的内容可包括：审核目的、审核范围、审核准则、审核组成员及分工、主要审核活动的时间安排、首末次会议时间等。

工作提示

制订审核计划时，应考虑落实审核组织、审核范围、顾客认证机构及有关法规的要求、质量管理体系文件、关于内部审核的要求、审核的频率等因素。

年度审核计划应以文件形式颁发，审核活动计划应有审核组组长的签名和最高管理者的批准。

3.建立审核小组并分配工作

根据审核活动目的、范围、部门、过程以及审核日程安排，选定审核组组长和成员，建立审核小组。小组成立后，应明确各成员的分工和要求，这是审核组组长的责任。审核组组长应注意“审核员不能审核自己的工作”的原则。一般审核组组长由总经理担任，但是具体审核工作由品质部经理负责。

4.准备检查清单和审核检查表

检查清单包括检查什么、怎样检查、在哪里检查等内容，同时根据ISO 9001：2008标准条款编制检查表。

5.通知审核

审核前应通知受审部门。通知内容包括审核员、时间安排要求等。审核计划应得到受审核部门负责人的确认，必要时向受审核部门提供检查表。以下提供一份企业年度内审计划，仅供参考。

表5-1　年度内审计划

No.

审核目的： (1) 检查本企业质量管理体系是否符合 ISO 9001:2008 标准以及企业“质量手册”和“程序文件”的要求 (2) 检查本企业质量管理体系是否得到有效实施和保持

续表

被审核过程、部门： 涉及ISO 9001：2008标准中的四大过程及与质量有关的各职能部门、生产车间。分别是：品质部、生产部、物控部、销售部、技术部、人力资源部、采购部、模具车间、铸造车间、机加车间、电镀车间、焊接车间、安装车间、抛光车间、打磨车间、总经办、总经理、管理者代表	
审核依据： （1）ISO 9001：2008 标准 （2）本公司的“质量手册”和“程序文件”	
审核方法： 采取集中式审核及现场抽查和验证	
审核时间、持续时间： （1）12 月 3 ～ 26 日审核除 5.6 管理评审和 8.2.2 内部审核的所有过程 （2）12 月 7 日补充审核 5.6 管理评审和 8.2.2 内部审核	
编制日期：　　　　管理者代表：	审批日期：　　　　总经理：

（二）编制内审检查表

内审检查表一般由品质部审核员负责编制，品质经理对其进行审核。以下是某企业内审检查表，仅供参考。

表5-2　内审检查表（技术部）

审核日期：　　　　　　　　　　　　审核人：

ISO 9001:2008	
涉及条款：4.2.3文件控制 标准要求：质量管理体系要求的文件应予以控制 检查方法： 查看各种文件，了解文件受控的情况 查看作废文件是否已清除 查看引用的外来文件的受控情况 问题点：	

续表

涉及条款：4.2.4记录控制 标准要求：应建立并保持记录，以提供符合要求和质量体系有效运行的证据 检查方法： 结合查阅各种质量记录，查、看、问质量记录的保存和使用情况 问题点：
涉及条款：7.3设计和开发 标准要求：组织应对产品的设计和开发进行策划和控制 检查方法： 询问参加设计评审、确认的情况 询问技术主管是如何负责产品的工艺设计的，是如何根据其他部门的意见修改工艺文件的 询问如何向生产车间提供工艺文件 问题点：

（三）首次会议

首次会议是实施审核的开端，是审核组全体成员与受审核方领导及有关人员共同参加的会议。首次会议由审核组组长主持，向受审核方介绍具体内容及方法，并协调、澄清有关问题，到会人员要有签到记录。

（四）现场审核

首次会议结束后，即进入现场审核阶段。现场审核应按计划安排进行，具体的审核内容应按准备好的检查表进行。

1.收集客观证据

(1) 受审核方人员的面谈。

(2) 查阅文件和记录。

(3) 现场观察和核对（对活动和周围的工作与条件观察）。

（4）对实际活动及结果的验证。

（5）数据图表和业绩指标的汇总、分析。

（6）来自其他方面的报告，如顾客反馈、外部报告和中间商的评价。相关抽样方案的水平和确保对抽样、测量过程实施质量控制的程序。

（7）和职能之间接口有关的信息应注重收集。

2.做好现场审核记录

在提问、验证、观察中，审核员应做好记录，记下审核中听到的、看到的、有用的真实信息。这些记录是审核员提出报告的真凭实据。

3.评价审核证据，形成审核发现

对所收集到的客观证据应进行整理、分析、筛选，在此基础上得出审核证据与审核发现。在审核时，应统一审核记录表格形式，并规定填写和保存要求。

对所收集的审核证据，审查组应根据审核准则进行评价，以形成审核发现。审核发现可分为合格项或不合格项。审核组应在适当的审核阶段对审核发现进行评审，特别是在与受审核方举行末次会议之前应进行评审。

在进行现场审核时，我认为需要注意下列事项：

1.________________________________

2.________________________________

3.________________________________

4.________________________________

……

（五）出具不合格报告

审核中发现不合格项，应及时记录，并将其交给受审核方。证据不足的，不能判为不合格。与受审核方有分歧的，可以通过协商或重新审核来决定。

不合格现象的描述应严格引用客观证据，并可追溯。例如，观察到的事实、地点、当事人、涉及的文件号、产品批号，有关文件内容，有关人员的陈述等。

表5-3　不合格报告

编号：　　　　　　　　　　　　　　序号：

<table>
<tr><td>审核区域</td><td></td><td>审核日期</td><td></td></tr>
<tr><td>发现问题地点</td><td></td><td>陪同人员</td><td></td></tr>
<tr><td colspan="4">不合格项事实陈述：
1.
2.
3.
审核员（签名）：　　　　　　　　确认人（签名）：
日期：　　　　　　　　　　　　　日期：</td></tr>
<tr><td colspan="4">不合格项：□ISO/TS 16949：2008　　　　条款号：
□质量手册　　　　条款号：
□程序文件　　　　条款号：
严重程度：□严重不合格　　　　□一般不合格
要求完成日期：　　　　年　　月　　日</td></tr>
<tr><td colspan="4">不合格项原因分析：
1.
2.
3.
不合格项纠正措施：
1.
2.
3.
实际完成日期：　　　　　　　　纠正措施责任人（签名）：</td></tr>
<tr><td colspan="4">纠正措施效果验证：
1.
2.
3.
审核员（签名）：　　　　　　　　日期：</td></tr>
</table>

（六）末次会议

向受审核方介绍审核情况，宣布审核结果，提出以后的工作要求，如纠正措施、跟踪、监督等。

（七）出具审核报告

由审核组编制，可在审核工作完成后进行，以正式文件形式提交给内部审核的管理机构，其副本可以提供给受审核方。以下是某企业审核报告，仅供参考。

表5-4　审核报告

编号：QEP—8.2.2—6a

报告人		报告日期	2011-12-16
内审成员			
内审时间	2011-12-15		
审核内容	ISO 9001：2008标准、质量手册、程序文件的执行情况		
不符合项	技术部按照ISO 9001：2008标准4.2.4对于记录控制要求执行，该标准要求：应建立并保持记录，以提供符合要求和质量体系有效运行的证据。问题点是技术部在发放技术文件时，没有发放记录，属于严重错误		
纠正项目	编制发放记录表，按ISO 9001：2008标准4.2.4对于记录控制要求执行		
整改效果	良好，文件发放记录补充完善		
备注			

内审组长：　　　　　　　　　　管理者代表：

三、组织年度管理评审

总经理每年定期在12月份对质量管理体系进行一次系统的会议评审。当有需要时，总经理可临时组织进行专项管理评审。在管理评审中，品质部主要负责前期资料准备以及评审会议相关工作。

（一）前期资料准备

管理评审前的信息输入应由品质部组织企业各有关部门完成输入性资料的准备工作。品质部一般在评审前2～3周将评审需要的各种资料通知各相关部门准备，并提出资料至少应包括的内容和要求完成时间。

输入资料根据每年的评审重点确定，评审资料大概可包括以下几种：

1.全年的质量管理工作报告

企业资源变化、检验工作量、检验能力、服务客户、外部评审或能力验证、纠正改进（包括上次管理评审决策的纠正及预防措施的实施及验证情况）、人员培训、上次管理评审问题落实等。

2.本年度的质量体系内部审核及不符合工作整改报告

由于内审体现了一定时期内整个质量管理体系的符合性和有效性，应明确提出需要管理评审研究和解决的问题及建议。

3.本年度的质量目标达标情况报告

质量方针、质量目标的实现情况及分析资料，顾客抱怨、走访顾客情况和顾客满意度的分析；未完成项目的原因、对策和建议，对顾客抱怨较多的项目提出解决方案，同期、同行业质量目标的水平，质量方针、质量目标对内外部市场的适应性，质量目标修订的建议及依据。

4.人力资源报告

人员结构、总体评价、存在不足及对策建议。

5.人员培训工作报告

本年度企业内部人员培训学习情况、年度计划执行情况、培训活动有效性评价等。

6.大型仪器设备情况报告

大型仪器设备基本情况、仪器设备管理现状、对仪器设备管理工作的建议等。

7.各相关部门质量体系运行情况报告

资源变化、检验工作量、检验能力、质量监督和质量控制工作、学习培训、检验工作中的差错及纠正、事故及处理、下一步的工作计划和设想、对质量体系的意见和建议等。

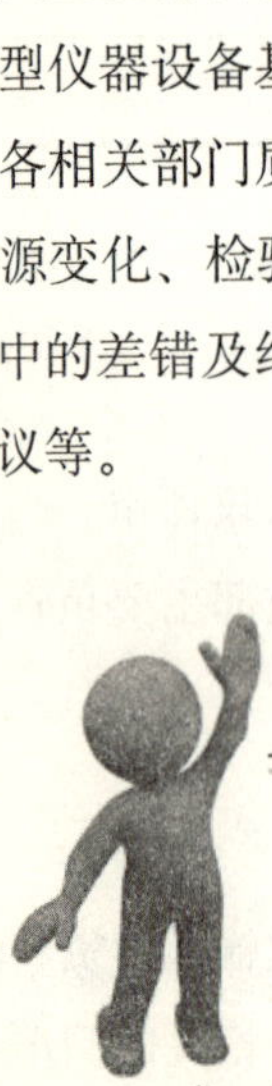

工作提示

品质部收集上述资料，并汇总意见和建议，最好能将资料装订成册，发给每一位参会人员。

管理评审前，我一般会准备的资料包括：

1.______________________________

2.______________________________

3.______________________________

4.______________________________

……

当然，品质经理要熟悉管理评审计划，以便更好地做好管理评审中的相关工作。

【范例 17】管理评审计划

管理评审计划

一、评审安排

1.评审时间：××××年××月××日

2.评审依据：根据“质量手册”对管理评审的规定：“管理评审由总经理组织实施，管理者代表和品质部具体组织和实施准备工作，品质部根据内部质量审核结果、质量方针、质量管理体系状况及其适宜性、充分性和有效性进行评审，就组织机构、职责、资源等方面作出决策，以保证体系持续有效地起到确保本项目建设质量的要求。”

3.评审目的：确保ISO 9001：2008质量管理体系的持续的适宜性、充分性和有效性。

4.评审范围及评审重点：公司的各部门、各车间、总经办。

5.参加评审部门（人员）：总经理、管理者代表、各部门负责人。

6.评审内容：管理评审的输入（对评审输入作出评价）。

二、评审输入

1.质量管理体系运行状况（质量方针和质量目标的适宜性和有效性）。

2.审核结果：评审报告。

3.改进、预防和纠正措施的状况。

4.2012年质量管理工作要点。

三、评审输出（即管理评审会议所作出的决定，应包括以下方面的措施）

1.质量管理体系及其过程的改进（包括对质量方针、质量目标、组织结构、过程控制等方面的评价）。

2.对现有产品符合要求的评价（包括是否需要进行产品、过程审核等与评审内容相关的要求）。

管理者代表：

××××年××月××日

（二）发放会议通知

品质部提前一星期将管理评审会议发到各部门，通知包括会议内容、参会人员、时间、地点等。管理评审会应由企业最高管理者主持，体系涉及的所有部门领导均应参加。会议议程如下：

(1) 签到、发放会议资料。

(2) 最高管理者提出拟讨论的内容和议题。

(3) 听取质量体系运行报告。

(4) 各部门汇报有关工作情况，提出意见和建议。

(5) 对议题逐项讨论，作出决议。

(6) 品质部应安排专人做好评审的详细记录，并予以保存。

(7) 品质部根据评审结果编写评审报告，明确评审后输出的改进要求，经最高管理者批准后印发各有关部门实施改进。

四、年度质量目标管理

（一）年度质量目标的制定

品质经理根据质量手册的总目标要求组织制定年度质量目标，包括各职能部门分解目标，经总经理批准后生效，作为受控文件发放给相关部门。

（二）年度质量目标的落实

各部门应以实现企业年度质量目标为本部门努力方向，宣传到各级人员，并在内部规定实现质量目标的措施，经常检查质量目标的达成情况，对达不到质量目标时，应采取纠正预防措施，保证各项工作有效运行。

（三）年度质量目标的考核

每月月初，人力资源部、品质部经理和副总经理统计上月各部门分解目标，进行考核。各相关部门如实上报目标的完成情况，必要时上报支持性的统计数据，由人力资源部对相关数据进行汇总。

考核时先由各职能部门进行自评，然后由总经理对各部门负责人进行面谈。对达不到质量目标的，由相关部门责任人解释和说明原因，并提出纠正措施，于下次考核时验证。

（四）年度质量目标的修改

年度质量目标的制定有其严肃性，原则上不予更改，除非企业发生重大经营变化或机构重大调整等特殊情况，经过总经理批准进行调整。

每次召开管理评审会议时，各部门结合质量目标的完成情况，讨论是否需要调整质量目标，决定调整后对年度质量目标重新制定并发放。

以下是某企业年度质量目标，仅供参考。

【范例18】年度质量目标

年度质量目标

1.一等品合格率	≥98.15%
2.成品合格率	≥98.65%
3.半成品合格率	≥98.00%
4.顾客满意度	≥85.00%
5.退线率	≤1.00%

为如期完成企业制定的年度质量目标，各职能部门对年度目标进行分解如下所示。

部门	质量目标	计算方式	统计周期
人力资源部	培训计划完成率100%	实际培训项目÷计划培训项目	每月
物流部	铜材合格率≥95%	（铜材采购量－退货量）÷总采购量	每月
设备部	设备停机头时≤6000	因设备故障停机时间×头数	每月
	维修保养返工次数≤204	同一机台规定时间内同一性质问题重复修理两次以上的	每月
生产部	一等品合格率≥98.15%	一等品÷（成品+废丝）	每月
	成品合格率≥98.65%	成品÷（成品+废丝）	每月
	半成品合格率≥98.00%	半成品÷（半成品+废丝）	每月
品质部	退货率≤1%	退货量÷销售量	每月
	退线废丝损失≤4万元	废丝损失单价：0.03及以下42元/千克；0.03～0.04规格25元/千克；0.04～0.05规格18元/千克；0.05以上12元/千克	每月
销售部	顾客满意度≥85%	见“顾客满意度控制程序”	每年1～2次

【范例19】年度质量目标与质量指标规定

年度质量目标与质量指标规定

1.目的

为确保企业年度质量目标的达成，量化评价各部门质量工作，考核质量管理工作开展和持续改进的绩效，经管理评审后，特制定本规定。

2.适应范围

本规定适用于企业与质量管理工作有关的各部门。

3.职责

3.1 企业各部门信息站负责质量目标与质量指标的数据统计。

3.2 ISO管理办公室对公司质量目标和各部门质量指标进行汇总、报告。

4.内容

4.1 企业质量目标的管理体系。

质量目标——公司或部门设定的可测量的质量工作奋斗目标，在管理上对其完成情况不作考核，只作监视。

质量指标——对质量目标的对应量化分解数据，是各级质量工作的最低要求，未能完成时将被要求采取措施进行整改。

4.2 质量目标体系的监视和考核。

4.2.1 质量目标为企业质量总目标，由ISO管理办公室根据计算周期进行汇总、统计、整理及发布。

4.2.2 质量指标为各部门质量目标的分解要求，按管理评审，并根据公司总的质量目标进行量化分解，由ISO管理办公室每月统计、汇总，并对未能达标的责任部门发出“纠正预防措施实施单”提出整改要求。

4.3 企业年度质量目标及各部门质量指标。

4.3.1 企业年度质量目标。

企业总质量目标

企业总质量目标	计算方法	周期
1.采购产品进货检验合格率95%	所有采购产品合格批数÷所有采购产品批数×100%	月度
2.外协加工进货检验合格率90%	所有外协加工产品检验合格批数÷外协批数×100%	月度
3.成品一次抽检合格率95%	当月生产一次检验合格批数÷当月生产批数×100%	月度
4.订单计划完成率96%	订单按计划完成批数÷当月订单批数×100%	月度
5.客户验货一次合格率97%	客户一次验货合格批数÷客户验货批数×100%	月度

续表

企业总质量目标	计算方法	周期
6.最终客户退货宗数不超过销售总数的0.5%	客户退货产品数÷产品出货数×100%	季度
7.全员培训计划实施完成率99%	按计划完成培训的员工数÷应培训员工数×100%	月度

4.3.2 各部门质量指标。

部门	质量指标	计算方法	考核周期
市场部	顾客满意度不低于95%	客户满意度总合÷有效被访客人户数×100%	全年
工程部	生产试产合格率不小于90%	试产合格产品数÷试产投入产品数×100%	每项新品
工模部	PP五金度产每次产品合格率不低于90%	试产合格产品数÷试产投入产品数×100%	每项新品
品质部	一次抽检合格率为95%	一次抽检合格数÷一次抽检数×100%	每月
	客人验货一次合格率为97%	验货合格批数÷验货批数×100%	每月
PMC	采购产品进货检验合格率不低于95%	进货不合格批数÷总进货批数×100%	每月
	外协加工进货检验合格率不低于90%	进货不合格批数÷总进货批数×100%	每月
	供应商现场审核不低90%	合格供应商实际审核数量÷合格供应商审核计划数量×100%	年度
	供应商年度评价合格率不低于90%	年度评价供应商合格数量÷年度评价供应商总数量×100%	年度

续表

部门	质量指标	计算方法	考核周期
PMC	部门培训计划实施率不低于99%	部门年度培训计划实施次数÷部门年度培训计划总次数×100%	年度
电器制造部	订单计划完成率≥95%	实际完成订单数量÷计划完成订单数量×100%	每月
	产品不良损耗率≤1%	产品不良损耗数量÷产品投入数量×100%	每月
	成品一次抽检合格率≥95%	成品抽检合格数量÷成品抽检总数量×100%	每月
	顾客验货一次合格率≥97%	顾客验货合格数量÷客户验货总数量×100%	每月
五金制造部	订单计划完成率≥95%	实际完成订单数量÷计划完成订单数量×100%	每月
	产品不良损耗率≤3%	产品不良损耗数量÷产品投入数量×100%	每月
	转序验货一次合格率≥95%	QC验货合格批次÷QC验货总批次×100%	每月
	每月员工入职培训率达99%	入职培训完成人数÷入职人数×100%	每月
人力资源部	每月员工上岗培训率达99%	上岗培训完成人数÷上岗人数×100%	每月

5.记录表单

5.1 质量目标统计表。

五、质量管理体系认证审核

当选择了认证机构、签订了认证合同之后，就需要做好认证审核各项工作，准备好审核资料，配合认证机构审核等。

（一）审核准备工作

在与认证机构签订好认证合同，确定了审核时间后，就应进行认证前动员。在进行全体动员时，应做好以下工作：

1.准备材料

一方面是内部完善质量管理体系，准备质量活动能有效控制的证实文件或资料；另一方面是向认证审核机构提供体系运行的有关文件，如质量管理体系程序、质量记录等，以备认证机构作现场审核之用。

2.编制好迎接审核计划

计划包括时间、地点、审核范围、陪同人员、审核程序、人员的配合方法等。

3.各层次人员实施动员

(1) 认证之前给相关人员讲授认证前准备的课程，让各位工作人员在工作及接待上做好充分的准备。

工作提示

向大家强调认证的注意事项。让全员了解正式审核的过程、要求及应对措施，了解其他公司经常容易出现的问题及应对措施。

(2) 召开各层次动员大会，传达并落实审核计划，尽量让所有人员都了解审核的时间、地点、流程，介绍审核采用的方法及审核过程中应对问答、提供证据的方法和技巧，提出并落实审核的有关要求，澄清并协调有关的审核问题。

4.接待准备

(1) 准备一些宣传资料的横幅——“欢迎 × × 认证机构”，醒目地挂在进入组织区域的路口或门口。也可将“质量方针”及一些质量管理格言制作成宣传标语，贴在工作区域内，以营造一种强烈的认证气氛。

（2）落实后勤安排，必要时应对认证机构审核员的办公、交通、就餐作出妥善的安排。

总之，在迎接审核之前要做好一系列的准备工作，在组织内要营造一种全员参与、全员重视的氛围。

（二）配合认证机构审核工作

认证审核机构委托一个具有资格的审核小组，到现场作审核和评审。审核小组一般由取得高级审核员资格的人担任组长。审核小组人数一般由认证审核机构根据检查的工作量和时间进程确定。

1.审核前准备

审核小组到达现场后，审核小组和受审核方管理人员之间建立联系渠道，受审方提供审核所必需的条件（场地、文印、通信等）。

2.确定陪同人员，并明确其责任

陪同人员的责任有以下几点：

（1）为陪审组提供支持。

（2）可代表受审核方见证审核活动。

（3）其他职责。如确保现场审核员知道有关安全和保安方面的要求。陪同人员不对审核员施加过分的影响或进行干预。

3.确保审核按计划进行

现场审核应按计划、程序进行。确保受审核部门重要人物在审核所安排日程中（时间段）应在场。

4.提供适当的客观证据

提供能确定审核目标可以达到的客观证据。

5.阐明澄清有关问题

对有疑问的问题进行澄清，交流双方关心的具体问题。

6.与审核员解决意见分歧

与审核员就审核中的不合格项进行评审、确认，双方力求解决有关事实存在的意见分歧。

7.与审核员及时沟通，理解与确认审核发现

总之，对于认证机构的审核工作应予以充分重视，在审核过程中应全员予以充分的配合，以便使认证审核顺利进行，保证认证审核顺利通过。

（三）处理认证中发现的不合格项

认证机构通常在现场审核后，告知受审核方不合格项，并给两周以上的时间，使其对质量管理体系做必要的修改、完善。受审核方利用这段时间，对不合格项进行纠正，并向审核组表明已满足了有关要求，然后，认证审核机构视情况再对修改过后的质量管理体系作出评价或免于审核。

品质经理在对不合格项进行纠正时，可采取以下措施：

（1）将审核方出具的不合格项报告至少分发到不合格项的责任部门和有实施纠正措施责任的部门，以便实施纠正措施，并对其验证效果。

（2）制定出具体的纠正措施，提出纠正措施要求。即根据审核组提出采取纠正措施要求，制定纠正措施，内容包括确定纠正措施的时间、完成纠正措施的期限、实施纠正措施的方法。

（3）监督责任部门实施纠正措施。

（4）纠正措施完成后，请审核组验证。

对于认证机构审核中发现的不合格项，我一般会采用以下方式予以处理：

1.______________________________

2.______________________________

3.______________________________

4.______________________________

……

六、编制质量记录表格

质量记录是质量管理体系文件的一部分，任何质量活动都会产生质量记录。质量记录应能客观反映质量活动和体系运行的实际情况，是质量活动追踪和预防的依据。大量的质量记录是以表格的形式来表述的。

（一）质量记录编制原则

1.必要性

从整体上考虑质量记录必须能够充分地证实质量活动及服务质量形成的全过程，必须有充分的数据、证据证明体系运行的有效性。

工作提示

质量记录并不是越多越好，在编制时必须对各项记录进行重要性、必要性、使用价值等方面逐一评审和取舍，只挑选必要的原始事实和数据作为质量记录。

2.规范性

编写质量记录要尽量采用统一的格式和内容使之规范化，以便于对其进行管理，也便于运用电脑进行处理。

3.经济实用性

要获得信息需要支付费用，因此一定要注意信息成本，要经济实用不要搞花架子，对于在现有条件下无法保证其准确性的或对目前工作没有多少意义的信息应考虑不作为质量记录。记录质量信息一定要考虑本部门、本组织的具体情况，按轻重缓急作出取舍。

（二）必需质量记录

按ISO 9001：2008的要求，对于企业来说，下述19个质量记录是必要的：

（1）管理评审记录。

（2）员工教育、培训、技能和经验的适当记录。

（3）与服务有关要求的评审结果及评审所引发的措施的记录。

（4）确定与服务要求有关的设计和开发输入的记录。

（5）设计评审结果及任何必要措施的记录。

（6）设计验证结果及任何必要措施的记录。

（7）设计确认结果及任何必要措施的记录。

（8）设计和开发更改的记录。

（9）设计和开发更改的评审结果及任何必要措施的记录。

（10）供方评价结果及评价所引发的任何必要措施的记录。

（11）产品唯一性标志记录。

(12) 财产发生丢失、损坏或发现不适用情况的记录。

(13) 监测装置自行校准或验证依据的记录。

(14) 监测装置失效时，对以往测量结果的有效性进行评价的记录。

(15) 内部审核记录。

(16) 产品检测符合接收准则及产品放行人员的记录。

(17) 不合格的性质及随后采取任何措施的记录。

(18) 采取纠正措施的记录。

(19) 采取预防措施的记录。

组织实际需要的质量记录不止这些，组织可根据自己的需要参考上述记录编制质量记录，以满足服务质量要求和体系运行的要求。

(三) 质量记录空白表设计

1.与程序文件和作业文件的编制同步进行

质量记录往往是程序文件和作业文件的附录，也就是说，在编写程序文件和作业文件时，应根据标准要求和质量管理的需要，确定应有哪些质量记录，同时对记录的内容加以系统考虑。

2.质量记录的常规内容

(1) 记录名称。

质量记录的名称应简捷明了，准确地体现所要记录的对象或记录的内容，如合同评审报告、进货检验记录。

(2) 记录编号。

质量记录应进行统一编号以便进行控制，常用的编号包括记录代号、记录分类号、版本号、顺序号等。组织可根据自己的具体情况设计质量记录编码系统。总之，记录表格是受控文件，要很好地管理。

(3) 记录栏目。

质量记录表中的栏目，既要满足质量管理要求，做到适用，又要力求简化，以降低成本。这就需要仔细琢磨，做到栏目不多不少。栏目还应适应多种情况，以减少表格数量。

(4) 记录人员。

在记录表上设计好记录人员签写栏，包括操作人员、检验人员、技术人员、管理人员或有关审核人员等。

（5）记录时间。

一般情况下，年、月、日的填写设计在记录表的首部或尾部。时、分、秒的填写设计在记录栏目中，根据活动程序的时间准确地填写。

以上主要讲述了记录表中通常包含的内容，每个组织可以根据自己不同的需要和实际情况，灵活进行编制。总的原则是能够准确、充分地记录证实质量活动的过程和结果。

表5-5 内部审核报告

<table>
<tr><td colspan="6" rowspan="2">审核原因：□ 年度第 次例行内部审核 □特殊需求</td><td colspan="2">编号：</td></tr>
<tr><td colspan="2">日期：</td></tr>
<tr><td colspan="8">审核日期：自 至</td></tr>
<tr><td></td><td colspan="3"></td><td colspan="2"></td><td colspan="2"></td></tr>
<tr><td></td><td colspan="3"></td><td colspan="2"></td><td colspan="2"></td></tr>
<tr><td></td><td colspan="3"></td><td colspan="2"></td><td colspan="2"></td></tr>
<tr><td></td><td colspan="3"></td><td colspan="2"></td><td colspan="2"></td></tr>
<tr><td></td><td colspan="3"></td><td colspan="2"></td><td colspan="2"></td></tr>
<tr><td colspan="8">审核结果：参考附件查检表</td></tr>
<tr><td>受审核单位</td><td>审核项次</td><td>MA</td><td>MI</td><td>受审核单位</td><td>审核项数</td><td>MA</td><td>MI</td></tr>
<tr><td></td><td></td><td></td><td></td><td></td><td></td><td></td><td></td></tr>
<tr><td></td><td></td><td></td><td></td><td></td><td></td><td></td><td></td></tr>
<tr><td></td><td></td><td></td><td></td><td></td><td></td><td></td><td></td></tr>
<tr><td></td><td></td><td></td><td></td><td></td><td></td><td></td><td></td></tr>
<tr><td>总计</td><td colspan="3">审核项目：MA： MI：</td><td>不符合率</td><td colspan="3">MA： % MI： %</td></tr>
<tr><td colspan="8">总结报告：</td></tr>
<tr><td colspan="4">审核小组组长：</td><td colspan="4">管理者代表：</td></tr>
</table>

管理心得

管理心得，其实是品质经理对自己个人工作的总结。可以是对某一个事件的看法，也可以是对某一项工作的实施计划；可以是成功的经验，也可以是失败的教训。

我的年度管理心得

通过这一年的工作，我最大的收获是：
通过这一年的工作，我吸取最大的教训是：

参考文献

[1] 段庆民，贺铭.物料管理简单讲.广州：广东经济出版社，2005.

[2] 刘立户.高效的物料与仓储管理.北京:北京大学出版社，2004.

[3] 翟光明.仓库保管员.北京:中国劳动社会保障出版社，2005.

[4] 傅和彦.物料管理.广州:广东经济出版社，2006.

[5] 李广泰.仓储与物料管控.深圳：海天出版社，2005.

[6] 曾宏，王兰会.仓库管理人员岗位培训手册.北京：人民邮电出版社，2007.

[7] 徐源.仓库主管实务.广州：广东经济出版社，2005.

[8] 张屹.物料使用的过程控制.北京：经济管理出版社，2005.

[9] 陈元.生产计划与物料控制实战精解.广州:广东经济出版社，2002.

[10] 刘毅.仓储作业实务.北京:机械工业出版社，2006.

[11] 张屹.物控系统的建立及运作.北京：经济管理出版社，2004.

[12] 安淮洲.质量经理岗位职业技能培训教程.广州：广东经济出版社，2007.

[13] 李永江，姚根兴.品管员岗位职业技能培训教程.广州：广东经济出版社，2007.

[14] 王文信(中国台湾).仓储管理.厦门:厦门大学出版社，2006.

[15] [日]片桐正.库存管理入门.白惠龄，译.中国台湾：小知堂文化事业有限公司，2001.